영원 · 교회 · 새 삶을 보다

영원 · 교회 · 새 삶을 보다

최병학 지음

베드로서원

들어가며

필자는 에베소서를 크게 세 부분으로 나눠서 정리하였습니다.

1부는 '영원을 보다.'입니다. (엡 1:1~2:10)

성도들은 창세전에 하나님께 선택을 받았고 하나님의 주권적 섭리로 오늘 예수를 믿게 되었습니다. 성도들도 이 사실을 익히 알고 있지만, 그러나 창세전에 우리를 선택하신 하나님께서 오늘 우리로 하여금 어떻게 예수 믿게 만들었는지 그 구체적인 과정을 우리는 잘 모릅니다. 1부에서는 그 과정을 살펴보면서 오늘 우리가 받은 구원이 하나님의 영원 속에 들어가 있음을 확인하려고 합니다. 이것을 확인하면 우리에게 있는 믿음이 얼마나 귀한 것인지 깨닫게 됩니다.

2부는 '교회를 보다.'입니다. (엡 2:11~5:14)

많은 그리스도인들은 예수님이 이 땅에 오신 목적이 나를 구원하기 위함이라고만 믿습니다. 이것만큼 성경을 잘못 보는 경우가 없습니다. 하나님의 영원한 목적은 이 땅에 교회를 만들기 위함입니다. 예수님께서 이 땅에 오신 목적도 예수 믿는 우리를 모아 교회 만들기 위함입니다. 특별히 필자의 생각으로는 한국 교회가 이렇게 다툼이 많고 갈등이 많은 까닭도 구원을 개인 구원으로만 여기는 데서 일어난 일이라 생각합니다. '우리'가 교회가 되었고, 교회가 무엇인지 알면 우리의 신앙생활은 반드시 달라집니다. 2부에서는 하나님께서 교회를 어떻게 만들었는지, 그리고 왜 만들었는지를 보려고 합니다.

3부는 '새 삶을 보다.'입니다. (엡 5:14~6:24)

성도는 늘 성령 충만한 삶을 살아야 합니다. 3부에서는 성령 충만의 모습이 가정과 일터에서 어떻게 구체적으로 나타나는지를 보려고 합니다. 그리스도인의 새로운 삶을 보여주고 있는 것이지요. 여기서 우리는 가정과 사회가 어떻게 회복될 수 있는지를 배울 수 있습니다.

아무쪼록 이 책을 통해 우리를 향한 하나님의 영원한 계획과 교회 그리고 그리스도인의 새로운 삶을 보게 됨으로 신앙생활에 조금이라도 유익이 있기를 바랍니다. 조금 더 욕심을 내자면 모든 내용 이면에 흐르는 예수님의 주되심이 읽혀지기를 바랍니다.

부족한 종과 함께 교회를 세워나가는 동역자인 기쁨의 교회 교우들과 목회에 전념할 수 있도록 힘써준 가족과 저의 형제들에게 감사를 드립니다.

목차

1부 영원을 보다

1. 하나님께서 나를 갈망하다   11

2. 하나님께서 우리를 택하시다!   21

3. 하나님의 우주적 계획에 동참시키시다   31

4. 하나님께서 우리를 선민으로 삼으시다   41

5. 하나님께서 천국을 주시다   49

6. 마음의 눈을 밝히사   59

7. 보이지 않으나 보면서 살아야 할 것   69

8. 사람을 이기려 하지 말고 마귀를 이겨라   79

9. 은혜 안에서 사십시다   89

10. 완전한 은혜, 완전한 구원   99

2부 교회를 보다

11. 교회는 하나님의 영원한 목적입니다   111

12. 천국을 주기 위해 교회를 세웠습니다   121

13. 교회를 하나님의 집이 되게 하여야 합니다   131

14. 교회에는 하나님의 지혜가 나타나야 합니다   141

15. 우리 교회 보고 예수 믿으세요!   151

16. 교회적 존재가 되어야 합니다   161

17. 우리의 하나 됨을 지켜야만 합니다   171

18. 교회는 그리스도의 모습으로 자라야 합니다   181

19. 교회 안에서만 변할 수 있습니다   191

20. 어둠을 쫓아내는 삶을 살라   201

3부 새 삶을 보다

21. 오직 성령 충만을 구하라   213

22. 남편과 아내의 서로 복종   223

23. 부모와 자녀의 서로 복종   233

24. 일터에서의 서로 복종   243

25. 사람이 아닌 마귀를 보아야 합니다   253

26. 마귀를 이기는 삶   263

1부

영원을 보다

1. 하나님께서 나를 갈망하다

2. 하나님께서 우리를 택하시다!

3. 하나님의 우주적 계획에 동참시키시다

4. 하나님께서 우리를 선민으로 삼으시다

5. 하나님께서 천국을 주시다

6. 마음의 눈을 밝히사

7. 보이지 않으나 보면서 살아야 할 것

8. 사람을 이기려 하지 말고 마귀를 이겨라

9. 은혜 안에서 사십시다

10. 완전한 은혜, 완전한 구원

01
하나님께서 나를 갈망하다

01
하나님께서 나를 갈망하다

에베소서 1:1-2

1 하나님의 뜻으로 말미암아 그리스도 예수의 사도 된 바울은 에베소에 있는 성도들과 그리스도 예수 안에 있는 신실한 자들에게 편지하노니 2 하나님 우리 아버지와 주 예수 그리스도로부터 은혜와 평강이 너희에게 있을지어다

에베소서는 바울이 에베소 교회에 보낸 편지입니다. 그러나 에베소라는 한 교회만을 염두에 둔 것이 아니라 그 주변의 모든 교회가 돌려보도록 한 회람 서신입니다. 이 편지는 주후 61년 경 바울이 로마 감옥에 갇혔을 때 썼습니다. 쓴 목적은 이러합니다. 바울은 2, 3차 전도여행 시 3년 이상을 에베소에 머물면서 가르쳤습니다. 나중에 3차전도 여행을 마치고 이스라엘로 오는 길에 에베소 장로들을 만납니다. 다시는 그들과 만날 수 없음을 알고 작별 인사를 하기 위함이었죠. 그때 바울은 앞으로 에베소 교회에 닥칠 일을 말해 줍니다. 거짓 선지자들이 들어와서 그들의 믿음과 교회를 무너뜨리려 한다는

것이지요(행 20:28). 그로부터 4년이 지난 후 이 편지를 쓴 것입니다. 즉 그들의 믿음과 교회를 지키기 위함입니다. 그 일을 위해서 바울은 우리가 믿음을 가지고 있다는 것과 우리가 교회가 되었다는 것이 얼마나 영광스러운지를 보여줍니다. 언젠가 해외 토픽에 문을 열어 놓은 다음 닫히지 않도록 괴어 놓은 물건이 상당한 가치의 골동품인 것이 확인되었습니다. 그때부터 주인은 그 물건을 고이고이 모셔 놓을 겁니다. 마찬가지로 나의 믿음과 교회가 얼마나 영광스러운지를 알면 우리는 믿음과 교회를 지킬 것입니다. 우리는 에베소서를 통하여 이 영광을 보아야 합니다.

오늘 읽은 본문은 편지의 인사말입니다. 인사말 가운데 바울은 자신이 사도가 되었음을 강조합니다. 왜 그것을 강조합니까? 사도들에게는 주님의 말씀을 전할 수 있는 권리가 주어졌습니다. 그래서 사도들이 기록한 말씀은 성경이 되었습니다. 동시에 사도는 교회에 대한 징계와 치리를 할 수 있었습니다. 바울이 사도임을 강조한 까닭은 자신이 쓴 편지를 성도들이 주님의 말씀으로 듣게 하기 위함입니다.

바울은 자신이 어떻게 그 영광스러운 사도가 될 수 있었는지를 밝힙니다. 하나님의 뜻으로 말미암았다는 것이지요. 놀라운 것은 사도가 되는 것만 그러한 것이 아닙니다. 1절을 다시 보시면, **"하나님의 뜻으로 말미암아 그리스도 예수의 사도 된 바울은 에베소에 있는 성도들과 그리스도 예수 안에 있는 신실한 자들에게 편지하노니"** '에베소에 있는' 그다음에 '하나님의 뜻으로 말미암은' 이라는 말이 생략되었습니다. 그렇다면 성도가 되는 것 또한 하나님의 뜻으로 말미암았다는 것이지요. 여러분, 내가 성도입니까? 본문에서 말하는 성도에 나도 포함이 됩니까? 한번 확인을 해 보아야 합니다. 성도라는 뜻을 먼저 알아야 합니다. 한자를 풀어 쓰면 '거룩한 사람들'입니다. 성경에서 거룩하다는 말은 구별되었다는 말입니다. 그럼 무엇이 구별되었을까요? 도덕성이 세상과 구별되었을까? 아닙니다. 소속에 있어서 그렇다는 말입니다. 소속이 하나님의 소유라는 말입니다. '성도는 하나님의 것'이라는 뜻입니다. 주일을 성일, 거룩한 날이라고 합니다. 주일은 서쪽에서 해가 뜹니까? 주일을 성일이라고 부르는 까닭은 주일은 주님의 날이기 때문입니다. 주일의 시간의 주인은 주님이십니다. 그래서 주일을 지키지 않으면 날도둑이 됩니다. 성도는 하나님에게 속한 자, 하나님의 것, 하나님의 소유라는 말입니다.

내가 하나님의 소유인지는 어떻게 확인할 수 있습니까? 1절의 **'에베소에 있는 성도들과 그리스도 예수 안에 있는 신실한 자들'**이란 말은, 성도는 곧 그리스도 예수 안에 있는 신실한 자들이라는 뜻입니다. 그리스도 예수 안에 있다는 말은 예수를 자신의 주로 믿는다는 말입니다. 신실한 자들이란 늘 예수를 주로 고백한다는 말입니다. 나침반을 생각하면 됩니다. 나침반을 펼칩니다. 그럼 바늘이 좌우로 떨리다 북쪽을 가리킵니다. 신뢰할만한 나침반은 반드시 바늘이 떨다가 북쪽을 가리킵니다. 그렇듯이 믿는 사람들은 나침반이 떨릴 때처럼, 혈기를 부리기도 합니다. 악한 마음을 품기도 합니다. 자기감정, 자기 생각을 붙잡고 살아갑니다. 그러나 계속 그렇게 살지 않습니다. 그것이 잘못임을 깨닫고 돌아옵니다. 어떤 분은 화낼 것을 다 내고, 자기 마음대로 살다가 주일 날 예배할 때, "내가 예수를 주로 섬기지 않았구나! 주님으로 섬

거야 할 텐데…"라는 분이 계시고 어떤 분은 잘못하는 순간 금방 자신의 잘못을 회개하고 제자리를 찾는 분도 계십니다. 비록 시간의 간격은 있지만, 예수를 주라고 진정 인정하며 살아갑니다. 그것이 바로 예수 안에 있는 신실한 자들의 의미입니다. 그렇게 살아간다는 것은 그가 성도가 되었다는 말입니다. 하나님의 것이 되었습니다. 그럼 자신이 성도인지 아닌지 확인 가능합니다. 내가 본문에서 말하는 성도에 들어간다면, 하나님께서 지금 내 귀에 대고 속삭입니다. "너, 하나님의 뜻으로 말미암아 하나님의 소유, 성도가 되었어!" 그럼 나의 믿음도 하나님의 뜻으로 말미암아 생긴 것입니다.

하나님의 뜻으로 되었다는 이 말은 놀라운 말씀입니다.

먼저는 하나님이 나를 갈망하셨다는 말입니다.

여당에서 대표가 되기 위해 몇 사람이 출사표를 던졌습니다. 그중에 한 사람을 대통령이 불러 이렇게 말합니다. "나의 뜻은 당신이 여당 대표가 되는 것입니다!" 이 말을 들은 사람은, '아, 대통령께서는 내가 당대표가 되는 것을 원하고 있구나!'라고 생각합니다. 그의 뜻으로 말미암았다는 말은 하나님께서 원했다는 말입니다. 뜻이란 말은 의지적인 단어가 아니라 감정적인 단어입니다. 그런데 얼마만큼 원했느냐 하면, 5절을 봅니다. **"그 기쁘신 뜻대로 우리를 예정하사…"** '기쁘신 뜻대로'는 너무 기뻐하면서 원하였다는 말입니다. 이것을 갈망이라고 합니다. 갈망은 간절히 가지기를 원하는 것이지요. 사람들은 돈을 갈망합니다. 명예를 갈망합니다. 그런데 하나님은 나를 갈망하였습니다. 얼마나 갈망하였느냐 하면, **"그 기쁘신 뜻대로 우리를 예정하사"** 내가 태어나기도 전에, 하나님께서는 나를 갖기를 원하셨습니다. 두 사람이 결혼한 다음 "여보, 우리 자식을 열 명만 가집시다." 그래서 열 명이 태어났습니다. 부부의 뜻 가운데 태어난 것이지요. 부부의 뜻은 자식에 대한 갈망입니다. 결국 부부의 갈망으로 그 자식들이 태어난 것입니다. 하나님께서 그렇게 나를 갈망하신 것입니다. 그래서 나에게 믿음을 주셨습니다. 믿음은 하나님이 나를 갈망한 결과물입니다.

 또 하나는 나를 가장 사랑한다는 말입니다.
 그 사람이 진정 무엇을 사랑하는지는 그의 행동을 보면 압니다. 알코올 중독자는 중독의 결과를 증오합니다. 그리고 가족들을 사랑할 수 있습니다. 그러나 막상 술 앞에선 우선순위가 바뀝니다. 술을 더 사랑하는 것입니다. 간음하는 사람이 진심으로 배우자에게 "그 사람 아무것도 아니야. 난 당신을 사랑해"라고 말할 수 있겠지만, 그럼에도 간음을 한다면 그 사람은 부정을 저지르는 그 욕정을 더 사랑하기 때문입니다. 우리 모두 '예수를 사랑합니다.'라고 말을 할 수 있습니다. 그럼에도 불순종과 거역의 순간에 예수님 보다 죄를 택하는 것은 죄를 더 사랑하기 때문입니다. 사람에게 가장 강력한 동기를 부여하는 힘은 사랑입니다. 사랑은 어머니를 불타는 건물 안으로 뛰어들게도 합니다. 전능하신 하나님이신 예수님께서 수치와 고통에도 아랑곳하지 않고 십자가를 지고 골고다로 올라간 까닭은 우리를 향한 사랑 때문입니다.

 하나님은 자신의 아들보다 나를 택하였습니다. 예수 그리스도는 자신의 생명보다 나를 택하였습니다. 그러므로 내가 믿음을 갖게 된 것입니다. 내 믿음 안에는 하나님의 전 마음과 전 사랑이 들어가 있습니다. 믿음을 가졌다는 것은 하나님의 모든 마음과 모든 사랑을 가졌다는 것입니다. 그러니 믿음이 영광스럽지 않을 수 없습니다.

많은 성도들은 자신의 믿음을 통해 하나님의 사랑을 보지 못합니다. 말라기 때 이스라엘 백성들이 그러했습니다. 당시 이스라엘 백성들의 삶은 피폐하였습니다. 메뚜기 떼가 일어나 농작물을 갉아 먹음으로 소출이 없었습니다. 이상 기온으로 포도나무의 열매가 미리 떨어져 수확을 할 수 없었습니다. 그러자 이들은 하나님을 공경하지 않습니다. 하나님께 바쳐야 할 제물로 병든 양을 골랐습니다. 먹고 살기도 힘든데 어떻게 값이 나가는 좋은 것을 드리느냐는 것이지요. 그런 그들에게 하나님께서 나는 너희를 사랑한다고 말을 합니다. 그러자 그들이 말을 합니다. 하나님께서 진정 우리를 사랑한다면 왜 이렇게 우리가 힘든 생활을 합니까? 자신들의 어려움을 보고 그들을 향한 하나님의 사랑을 부정합니다.

그런 그들에게 하나님이 하신 말씀이 무엇입니까? 말라기 1:2절입니다. "**여호와께서 이르시되 내가 너희를 사랑하였노라 하나 너희는 이르기를 주께서 어떻게 우리를 사랑하셨나이까 하는도다. 나 여호와가 말하노라 에서는 야곱의 형이 아니냐 그러나 내가 야곱을 사랑하였고**" 내가 너희를 사랑하는지 하지 않는지, 야곱을 보면 알 수 있지 않느냐? 는 말입니다. 야곱은 그들의 조상입니다. 야곱은 오로지 자신의 힘과 능력을 붙잡고 산 전형적인 사람입니다. 그는 결코 이스라엘의 조상이 될 수 없는 인물입니다. 믿음의 족장이 될 수 없는 사람입니다. 그런데 하나님은 그가 믿음의 족장이 되기를 갈망하였습니다. 그래서 그의 삶에 개입하여 그를 만들어 가십니다. 하나님의 갈망입니다. 하나님의 사랑입니다. 그래도 오늘 이스라엘이 하나님을 믿으며 살아가는 것, 그 믿음이 있다는 것, 그것이 하나님이 그들을 사랑하고 있다는 표시입니다. 그렇습니다. 지금 나의 믿음 안에는 하나님의 마음과 자신을 희생한 하나님의 사랑이 다 들어가 있습니다. 그렇기에 우리의 믿음은 귀한 것입니다.

어떤 여자가 중병에 걸려 한동안 무의식 상태에 빠져 있었습니다. 이세상과 저세상의 경계선을 방황하고 있는데 갑자기 몸이 위로 붕 뜨는 것 같은 느낌이 들었습니다. 딱히 설명할 수 없지만, 자신이 하나님 앞에 서 있다는 확신이 들었습니다. 근엄하면서도 온화한 목소리가 들렸습니다.

"너는 누구냐?"

"저는 쿠퍼 부인입니다. 시장의 안사람이지요."

"네 남편이 누구냐고 묻지 않았다. 너는 누구냐?"

"저는 제니와 피터의 어머니입니다."

"네가 누구의 어미냐고 묻지 않았다. 너는 누구냐?"

"저는 선생입니다. 초등학교 학생들을 가르칩니다."

"너의 직업이 무엇이냐고 묻지 않았다. 너는 누구냐?"

목소리와 여자는 묻고 대답하기를 계속했습니다. 그러나 여자가 무슨 말을 하든지 목소리의 주인을 만족시키지는 못했습니다. 목소리가 다시 물었습니다.

"너는 누구냐?"

"저는 기독교인입니다."

"네 종교가 무엇인지 묻지 않았다. 너는 누구냐?"

"저는 매일 교회에 다녔고, 남편을 잘 내조했고, 열심히 학생들을 가르쳤습니다."

"나는 네가 무엇을 했는지 묻지 않았다. 네가 누구인지 물었다."

여자는 결국 대답을 하지 못했습니다. 그러다 깨어났다고 합니다.

마지막 날 하나님께서 "네가 누구냐?"고 물으면 우리는 어떻게 대답하면 되겠습니까? 자녀가 현관 벨을 눌렀을 때, 안에 있는 엄마가 누구냐고 물으면 "저예요, 엄마!"라고 자녀는 대답합니다. "저예요"라는 말은 저는 엄마가 낳은 아들, 엄마가 사랑하는 사람이란 말이지요. 하나님은 나를 사랑하사 나를 갖기 원하여 나에게 믿음을 주었습니다. 나의 믿음을 보면서 우리는 "저예요 하나님!" 이렇게 대답을 하면 되지 않겠습니까? 내가 지금 믿음을 갖고 있습니까? 이 보다 더 영광스러운 것이 없습니다. 어떤 환경 속에서도 나에게 있는 이 믿음을 보면서 하나님의 사랑을 확신하며 담대히 살아가시기 바랍니다.

02
하나님께서 우리를 택하시다!

2
하나님께서 우리를 택하시다!

에베소서 1:3-6

3 찬송하리로다 하나님 곧 우리 주 예수 그리스도의 아버지께서 그리스도 안에서 하늘에 속한 모든 신령한 복을 우리에게 주시되 4 곧 창세 전에 그리스도 안에서 우리를 택하사 우리로 사랑 안에서 그 앞에 거룩하고 흠이 없게 하시려고 5 그 기쁘신 뜻대로 우리를 예정하사 예수 그리스도로 말미암아 자기의 아들들이 되게 하셨으니 6 이는 그가 사랑하시는 자 안에서 우리에게 거저 주시는 바 그의 은혜의 영광을 찬송하게 하려는 것이라

어느 초등학생의 어머니는 얼굴에 화상 흔적이 크게 남아 있었습니다. 지금처럼 성형이 일반화되어 있는 것도 아니고 오래전이라 그 상처를 그대로 가지고 살아가는 수밖에 없는 그때에, 그 아이는 자신의 어머니가 학교에 오는 것이 그렇게 싫었습니다. 그것은 중학교에 들어가서도 마찬가지였습니다. 그러다 어느 날 그는 어머니의 흉터의 원인을 알게 됩니다. 갓난아이 적 어머니가 밖에서 일을 하는 중에 집에 불이 난 것입니다. 급히 달려왔는데 이미

집은 불길에 휩싸여 있었습니다. 어머니는 그 불길에 상관없이 집으로 뛰어들어갔습니다. 그리고는 아이에게 어떤 불길도 닿지 않도록 가슴에 안고 나오다 보니 무방비인 어머니의 얼굴에 화상을 입은 것이었습니다. 그것을 안 소년은 그때부터 어머니의 그 흉터가 더 이상 부끄러움이 아니었습니다. 자신을 살린 흉터였기에 오히려 자랑이었습니다.

하나님께서 죄로 인해 멸망 받을 우리를 구원하여 그의 자녀로 삼았습니다. 자녀는 스스로 태어날 수 없습니다. 부모가 낳아주어야만 합니다. 그렇듯이 내가 하나님의 자녀가 되는 데에는 내가 한 일이 아무것도 없습니다. 전적으로 하나님이 하신 일입니다. 그것도 자신의 생명을 바쳐서 한 일입니다. 그것을 알면 우리는 하나님을 찬양하지 않을 수 없을 것입니다. 에베소서 1장 3절을 봅니다. **"찬송하리로다 하나님 곧 우리 주 예수 그리스도의 아버지께서 그리스도 안에서 하늘에 속한 모든 신령한 복을 우리에게 주시되"** 여기서 신령한 복은 하나님께서 나를 위해 하신 일을 가리킵니다. 또한 하나님이 하신 이 일은 나로 하여금 하나님의 자녀가 되도록 한 것이니 하늘에 속한 복입니다. 하늘에 속한 '모든' 신령한 복을 주었다는 말에서 '모든'은 우리를 구원하기 위해서 하나님께서는 할 수 있는 모든 일을 하셨다는 말입니다. 우리를 구원 하는 일은 하나님께서 여유롭게 하신 일이 아닙니다. 조금 힘을 쓴 것이 아닙니다. 할 수 있는 모든 일을 다 하였고 자신의 생명까지 내놓았습니다. 그 일을 에베소서 1장 3절에서 14절까지 기록하고 있습니다.

본문 1장 3절을 보면 이 복을 누구에게 주셨습니까? '그리스도 안에 있는 자에게' 주셨습니다. 그리스도 밖에 있는 자에게는 이 복을 주지 않았습니다. 그리스도 안에 있다는 말은 무슨 말입니까? 진실로 내가 주님과 함께 죽었고, 나에게는 주님만이 살고 나는 주님으로 살아야 함을 믿는 자입니다. 여러분들이여, 지금 여러분들이 그렇게 고백하고 있습니까? 그럼 나는 하늘에 속한 모든 신령한 복을 받았습니다. 이 복이 깨달아져야 합니다.

오늘 읽은 본문은 성부 하나님께서 하신 일이 무엇인지 말씀하고 있습니다. 4절입니다. **"곧 창세전에 그리스도 안에서 우리를 택하사 우리로 사랑 안에서 그 앞에 거룩하고 흠이 없게 하시려고"** 성부 하나님이 우리의 구원을 위해 무엇을 하셨습니까? 우리를 선택하신 것입니다. 우리가 구원받으려면 우리는 하나님 앞에서 거룩하고 흠이 없는 자가 되어야 합니다. 한마디로 죄가 없어야 합니다. 우리의 죄가 언제 없어집니까? 예수를 믿을 때입니다. 이렇듯 예수를 믿게 하기 위해서, 하나님께서 무슨 일을 하셨습니까? 창세전에 우리를 선택하신 것입니다.

'창세전에'라는 말을 우리는 시간 개념을 가지고 이해하려고 합니다. 시간 개념으로 생각하면 '모든 시간이 시작되기 전에'라는 말입니다. 그러나 성경에서 '창세전에'라는 말은 이 땅이 시작되기 전에 우리를 하나님이 택하셨다는 어떤 시간을 이야기하는 것이 아닙니다. 성경은 전적으로 하나님의 주권적인 역사로 우리가 하나님의 자녀가 되었음을 보여주기 위해 이 말을 사용한 것입니다. 창세전은 모든 것이 시작되기 전입니다. 한 마디로 내가 존재하기 전입니다. 나만 존재하지 않은 것이 아니라 나의 조상도 존재하지 않을 때입니다. 나에 관한 어떤 것도 존재하지 않을 때입니다. 나의 공로도, 나의 성품도, 나의 가문도 존재하지 않았습니다. 한 마디로 내가 선택받을 어떤 이유가 없을 때입니다. 회사에서 사람을 선택할 때는 그의 학력과 재능을 봅니다. 은행에서는 아버지의 직업을 본다고 합니다. 우리가 친구를 사귀고자 하면 우리는 그의 성품을 봅니다. 우리는 그 사람이 가지고 있는 그 무엇을 보고 그 사람을 선택합니다. 그러나 창세전에는 나에 대한 어떤 것도 없을 때입니다. 즉 내가 구원받을 만한 어떤 근거도 가지고 있지 않을 때입니다. 그러한 때, 나를 택하였다는 말은 전적으로 하나님의 주권으로 나를 택하였다는 말입니다.

그리고 선택하였다는 말은, 우리는 그냥 점만 찍어 놓았다는 말로 들리는데, 그게 아닙니다. 가령, 누군가 우리 맘에 들어 결혼 상대로 점을 찍었습니다. 그럼 그다음부터 어떻게 합니까? 자신의 모든 힘과 능력을 동원해서 그일이 이뤄지도록 힘을 쓰지 않습니까? 하나님께서 나를 자신의 주권으로 선택하였다는 말은 만물의 주권자이신 하나님께서 모든 환경과 시간과 사람 등등을 다 움직여서 우리를 예수 믿도록 만들었다는 말입니다. 하나님께서 그렇게 우리를 위해 일을 하셨기에 우리가 예수를 믿게 된 것입니다.

이것을 보여주는 역사적 예가 있습니다. 대략 기원전 700년쯤 유다의 왕은 히스기야였습니다. 이때 선지자가 이사야인데 그가 이런 예언을 합니다. 이사야 44장 28절입니다. "**고레스에 대하여는 이르기를 내 목자라 그가 나의 모든 기쁨을 성취하리라 하며 예루살렘에 대하여는 이르기를 중건되리라 하며**

성전에 대하여는 네 기초가 놓여지리라 하는 자니라." 이 말씀은 나중에 바벨론이 유다를 침략해서 함락시킨 다음 그들을 포로로 끌고 가는 데 그 후 고레스라는 왕이 등장해서 바벨론을 멸망시키고 포로가 된 유다를 풀어주어 예루살렘을 중건토록 하며 성전을 다시 짓게 한다는 말씀입니다. 당시 유다에게 이 예언은 전혀 현실감이 없는 허황한 말씀입니다. 당시 세계는 앗수르가 지배하였습니다. 그리고 바벨론은 앗수르의 지배를 받고 있는 힘이 없는 나라였습니다. 그 바벨론이 앗수르를 물리쳐서 세계를 제패하고 자신들을 포로로 끌고 간다는 것은 당시로써는 상상할 수 없는 일이었습니다. 더군다나 그 바벨론이 메데-바사의 왕인 고레스에 의해 멸망되고 그 고레스가 자신들을 다시 유다로 돌아오게 해서 성전을 짓도록 한다는 말은 그야말로 말도 안 되는 소리였습니다.

그런데 역사는 어떻습니까? 이사야가 예언한 후 대략 90년이 지난 B.C 610년에 앗수르가 바벨론과 메대의 연합 공격으로 무너집니다. 그 유명한 바벨론 왕국이 세워집니다. 왕국이 세워지고 24년이 지난 B.C 586년에 바벨론은 유다를 침공하여 유다를 포로로 끌고 갑니다. 그리고 영원할 것 같았던 바벨론이 B.C 539년 메데 바사의 연합 공격으로 무너집니다. 이때의 왕이 고레스입니다. 그리고 이듬해인 B.C 540년 고레스는 이스라엘 백성들을 본토로 돌려보내며 동시에 성전을 짓도록 그들의 손에 성전 재료를 쥐어줍니다. 160년이 흘러 모든 것이 하나님의 말씀대로 되었습니다.

하나님께서 고레스가 그런 일을 할 것이라고 꼭 집어 말씀을 하셨을 때, 홀러가는 역사를 내다보시고 하신 말씀이겠습니까? 그렇다면 하나님은 만물의 주권자가 아닙니다. 흘러가는 역사를 미리 보고 말씀을 했다면 역사는 하나님의 뜻과 무관하게 흐른다는 말입니다. 결국 운명이 있다는 말이 됩니다. 그러면 하나님은 단순히 앞날을 내다보는 신에 불과합니다. 하나님께서 이사야를 통해 앗수르가 바벨론에 의해 멸망할 것을 말씀하였을 때 만약 이스라엘이 회개를 하고 하나님께 돌아오면 하나님께서는 어떻게 할까요? 그 시간을 늦출 수도 있고, 그 사건이 일어나지 않게 할 수도 있습니다. 즉 역사는 흘러가는 시간표, 운명이 있는 것이 아닌 것이지요. 하나님이 주관하시는 것이지요. 하나님이 그렇게 말씀하신 것은 하나님이 그렇게 역사를 만들어 가시겠다는 말씀입니다.

아직 태어나지도 않은 고레스라는 이름을 말했습니다. 그렇게 말씀하신 것은 그때 고레스라는 이름을 가진 왕이 태어나도록 하나님께서 모든 사람과 환경을 주관하시겠다는 말입니다. 하나님께서 고레스의 부모로 하여금 자신의 태어난 아들에게 그렇게 이름을 짓도록 만들겠다는 것입니다. 또한 고레스가 태어나려면 그 부모가 있어야 하는데 결국 하나님께서 고레스의 부모 될 사람들이 만나서 결혼을 하도록 만드시겠다는 것이지요. 고레스의 부모가 있으려면 그 위의 할아버지 할머니가 부부가 되어야 하는데 그렇게 되도록 이끄시겠다는 것이지요. 고레스가 이스라엘을 돌려보낼 것이라고 말씀을 하셨다는 것은 하나님께서 고레스를 만드시고, 그가 그렇게 하도록 하나님께서 모든 환경과 역사를 주관하시겠다는 것이지요.

그렇기에 내가 오늘 이렇게 예수를 믿게 된 것은 하나님께서 나로 하여금 예수를 믿도록 나의 모든 환경을 주관하셨기 때문입니다. 언제부터 그렇게 하였습니까? 5절을 보시기 바랍니다. **"그 기쁘신 뜻대로 우리를 예정하사 예수 그리스도로 말미암아 자기의 아들들이 되게 하셨으니."** 여기서 예정은 '미리 결정하다'는 뜻입니다. 무엇을 미리 결정한 것입니까? '예수 그리스도로 말미암아 우리를 하나님의 아들로 삼으려는 것'입니다. 그럼 예수 그리스도로 말미암아 우리를 구원할 계획은 언제 세웠습니까? 예수님을 이 땅에 보내시고자 할 때부터입니다. 그때가 언제입니까? 창세전입니다. 예수 그리스도를 보내려고 할 때, 이미 나를 구원할 계획을 세우신 것입니다. 결국 하나님께서는 내가 태어나기도 전에 모든 것이 시작할 그때부터 지금의 내가 예수를 믿도록 시간과 환경 그리고 사람 등등을 다 움직이는 작업을 하셨습니다. 수천 수만 년 동안 나를 위해 일하셨고 그 결과가 오늘 내가 예수를 믿는 것입니다. 그것도 짬이 날 때 조금씩 일하신 것이 아니라 오직 우리를 위해 그의 모든 생명을 바쳐 일하신 것입니다.

　　여러분들이여. 오늘 나를 당신의 자녀가 되도록 하기 위해 창세전부터 모든 만물을 움직여서 우리를 만드신 것을 알면 어떻게 찬양하지 않을 수 있습니까? 나를 위해 모든 만물을 움직이신 하나님을 찬양해야 합니다. 고백을 하면 고백에 대한 믿음이 생기듯이 그렇게 찬양을 하면 하나님의 주권에 대한 믿음이 굳건하게 세워집니다. 하나님께서 오늘 나를 만드셨다면 하나님께서는 천국에 갈 때까지 내 인생을 그분께서 만들어 가실 것임을 확신하게 됩니다. 그러면서 주님을 온전히 의지하는 자가 됩니다.

어느 목사님께서 아시는 한 분이 병원에 입원해서 문안을 갔는데 암 진단을 받았다고 합니다. 이 분은 시골에 큰 땅을 사서 큰 공장을 지었습니다. 그리고 공장에서 일할 직원들도 다 뽑았습니다. 그 공장을 가동하는 날짜도 다 정했습니다. 그리고 개업식을 하기 위해 초청장도 다 보냈습니다. 그리고 늘 해오던 대로 일 년에 한 번씩 정기 검진 받는 때가 되어서 병원에 가서 종합검진을 받았습니다. 그랬더니 위암이었습니다. 심각한 정도의 증세였습니다. 그 다음날 바로 개복 수술을 받았습니다. 말할 필요 없이 모든 일을 내려놓아야 했습니다. 공장을 돌릴 계획도, 개업하려고 했던 계획도, 전부 유보되었습니다. 인간이 바로 그런 존재입니다. 인간이 결코 주권자가 아님을 보여주는 것입니다.

여러분들이여, 땅의 복이 없다고 한탄하지 마세요. 내 앞날 바라보며 염려하지 마세요. 오늘 내가 예수를 주로 믿고 있는 이 믿음, 이 믿음 갖도록 창세 전부터 나를 위해 일하신 하나님을 보시기 바랍니다. 그리고 내 앞날도 하나님께서 반드시 나를 주관하여 가심을 믿으시고 하나님을 의지하시는 여러분 되길 바랍니다.

03
하나님의 우주적 계획에 동참시키시다

03
하나님의 우주적 계획에 동참시키시다

에베소서 1:7-10

7 우리는 그리스도 안에서 그의 은혜의 풍성함을 따라 그의 피로 말미암아 속량 곧 죄 사함을 받았느니라 8 이는 그가 모든 지혜와 총명을 우리에게 넘치게 하사 9 그 뜻의 비밀을 우리에게 알리신 것이요 그의 기뻐하심을 따라 그리스도 안에서 때가 찬 경륜을 위하여 예정하신 것이니 10 하늘에 있는 것이나 땅에 있는 것이 다 그리스도 안에서 통일되게 하려 하심이라

나의 구원을 위해서 하나님이 하신 일이 있습니다. 하나님께서 우리를 위해서 하신 이 일은 하나님께서 우리에게 주신 신령한 복입니다. 지난주 우리가 받은 복이 있다고 하였습니다. 무엇입니까? 하나님께서 창세전에 나를 선택하셨다는 것이지요. 선택했다는 말은 단지 점만 찍은 것이 아니라 나로 하여금 예수를 믿도록 하나님께서 모든 역사를 다 하셨다는 것이지요. 금번에 윤여정 씨가 오스카 여우조연상을 받았습니다. 그의 연기 인생에 최고의 영예

를 얻었습니다. 내 인생 중에 최고의 영예는 하나님이 나를 선택하신 것입니다. 그래서 우리는 이렇게 외칩니다. '나 하나님이 선택한 사람이야' 힘든 일, 어려운 일을 만날 때, 한 번 외쳐 보시기 바랍니다. 새 힘을 얻습니다.

본문에는 두 가지 복이 나옵니다.

먼저, 하나님께서 우리 죄를 사해주셨습니다.

죄사함은 문자적으로는 죄 용서를 받았다는 말입니다. 죄 용서를 받았기에 죄에 대한 심판을 받지 않는다는 말이며 곧 죄로부터 해방되었다는 말입니다. 죄를 지으면 반드시 심판을 당합니다. 로마서 6장 23절에서 죄의 삯은 사망입니다. 즉 죄에 대한 심판은 사망으로 나타난다는 말입니다. 사망은 파괴되는 것입니다. 멸망당하는 것입니다. 사람들은 죄 때문에 불행해집니다. 죄때문에 파괴가 됩니다. 가정도, 삶도, 교회도 죄 때문에 파괴가 됩니다. 돈 때문도 아니고 사람 때문도 아닙니다. 진짜 우리를 죽게 만드는 것은 죄입니다. 죄의 본질은 곧 자기 사랑입니다. 자기감정을 사랑하는 자들이 함께 합니다. 그럼 다툼이 끊어지지 않습니다. 자기 힘을 사랑합니다. 그럼 불안과 염려가 끊어지지 않습니다. 죄가 우리를 파괴합니다. 궁극적으로 자기 사랑은 예수를 주로 받아들이지 않는 것이기에 그는 영원한 심판을 당합니다. 그렇기에 사람은 죄에서 반드시 해방되어야 합니다.

하나님께서 우리를 죄로부터 해방시키기 위해서 무엇을 하셨는가? 예수 그리스도를 보내서 우리를 속량하셨습니다. 당시 로마에서는 속량이란 개념이 보편화되었습니다. 로마의 노예수가 600만 명이었습니다. 피정복국가의 사람들을 데려다가 그렇게 노예로 만든 것이지요. 그들을 노예에서 해방시키려면 노예의 주인에게 노예 값을 지불합니다. 그 돈을 속량이라고 불렀습니다. 죄의 삯 즉 죗값은 사망입니다. 누군가 우리를 대신해서 죽으면 그것이 속량이 되어서 우리를 죄에서 풀어낼 수 있습니다.

그런데 우리를 대신해서 죽으려면, 그 사람에게는 몇 가지 조건이 갖춰져야 합니다. 첫째, 그 사람에게 죄가 없어야 합니다. 빚을 대신 갚으려면 논리적으로는 빚이 없어야 합니다. 그런데 사람은 전부 나면서부터 죄인입니다. 정상적인 남녀 관계에서 태어난 사람은 우리를 절대 속량할 수 없습니다. 둘째, 그는 우리 대신에 죽어야 하기에 반드시 우리와 같은 사람이어야 합니다. 셋째, 죗값은 죽음이기에 반드시 죽어야 합니다. 즉 하나님의 심판, 지옥 형벌을 받아야 합니다. 죄 없으신 분은 누구밖에 없습니까? 하나님이십니다. 그래서 하나님께서 하나님이신 예수님을 사람의 모양으로 이 땅에 보냈습니다. 죄가 없어야하기에 동정녀의 몸에서 태어났습니다. 그리고 십자가에서 우리 대신에 지옥의 형벌을 받았습니다. 우리를 죄에서 해방시키는 속량물이 되셨습니다.

엄마가 나가시면서 자녀에게 마트에 빵 값을 지불해 놓았으니 배고프면 가서 먹으라고 합니다. 그럼 아이는 그 말을 믿고 가서 먹으면 됩니다. 예수님이 이미 죗값을 다 지불했습니다. 우리를 죄에서 해방시켜 놓았습니다. 그럼 우리는 어떻게 하면 됩니까? 그것을 믿으면 됩니다. 믿으면 주님이 이뤄놓으신 일이 나의 것이 됩니다. 우리는 죄에서 해방된 자가 됩니다. 죄 사함을 받습니다. 이 시간 아직 믿지 못하는 분이 계시다면 믿으시기 바랍니다.

　그런데 사람은 예수 그리스도께서 이뤄놓으신 구원을 받아들일만한 지혜가 없습니다. 그래서 하나님께서 어떻게 하십니까? 지혜를 주십니다. 8절입니다. **이는 그가 모든 지혜와 총명을 우리에게 넘치게 하사.** 나로 하여금 예수님의 속량을 누가 믿게 하였습니까? 하나님이십니다. 성경에서 사용하는 믿음이란 단어 속에 그 의미가 들어가 있습니다. 믿음이란 단어는 그리스어 '피스티스'입니다. 피스티스는 '페이토'라는 단어에서 유래했습니다. '페이토'는 '설득하다', '확신을 갖게 하다'는 뜻입니다. 무슨 말입니까? 믿음은 하나님이 사람을 설득하셔서 주셨다는 말입니다. 갈라디아서 3장 23절을 보면 **믿음이 오기 전에는 우리가 율법 아래에 매인 바 되었다고 합니다.** '믿음이 오기 전에'라는 뜻은 믿음이란 '왔다'는 것을 말해 줍니다. 즉 하나님이 나에게 믿음을 주셨다는 것이지요. 나로 하여금 예수 그리스도를 믿도록 환경과 상황을 조정하시고, 그리고 나로 하여금 어떻게든 믿도록 하기 위해 지혜를 주셨습니다. 나로 하여금 하나님께서 그렇게 믿도록 설득을 하신 것이지요. 그래서 내가 예수를 믿게 된 것입니다. 전적인 하나님의 주권적 역사로 내가 예수 믿어 죄 사함을 받았습니다. 하나님께서 우리에게 하신 일들 중, 이 보다 더 큰일이 어디에 있습니까? 예수 믿게 하여 죄 사함 받아 지옥 갈 자가 천국 갈 자가 된 것, 멸망을 받아야 할 자가 영생을 얻은 자가 된 것, 이것보다 큰 복이 없습니다. 예수를 나의 주로 믿고 있습니까? 그럼 나는 죄 사함의 복을 받았습니다.

그런데 오늘 나에게 별로 이 복이 다가오지 않을 수 있습니다. 까닭은 다른 데 있지 않습니다. 나의 관심 때문일 수 있습니다. 이 땅에서 평안히 사는 것에 관심이 다 쏠려 있다면 죄 사함은 나에게 축복으로 다가오지 않습니다. 그러나 영원을 바라보며 살고 있다면 하나님께서 전적으로 내 죄를 사해 주신 것을 알 때 찬송하지 않을 수 없습니다.

"우리를 죄에서 구하시려 주 예수 십자가 지셨으니 기쁘게 부르세 할렐루야 나 구원 얻었네 찬송하세 찬송하세 주님 나를 구하셨네 찬송하세 찬송하세 주가 구원하셨네"

또 하나의 복은 하나님께서 자신의 계획을 이루기 위해 우리를 선택하였다는 것입니다.

어마어마한 복입니다. 9절을 봅니다. **"그 뜻의 비밀을 우리에게 알리신 것이요. 그의 기뻐하심을 따라 그리스도 안에서 때가 찬 경륜을 위하여 예정하신 것이니."** '그 뜻의 비밀을 알게 하였다'는 말은 하나님께서 우리 죄를 사하여 주신 까닭을 알게 하였다는 것입니다. 그것은 때가 찬 경륜을 위하여 준비된 것이라고 합니다. 경륜은 '일을 이루기 위해 세운 계획'이라는 말입니다. 정부가 중소기업과 벤처기업을 육성하며 장려하기 위해서 '중소벤처기업부'를 만들었습니다. 중소기업벤처부는 벤처기업을 장려하기 위한 계획 즉 경륜이죠. 죄 사함은 하나님의 계획을 이루기 위한 하나의 경륜인데 하나님의 계획이 무엇입니까? 10절입니다. **"하늘에 있는 것이나 땅에 있는 것이나 다 그리스도 안에서 통일되게 하려 하심이라."** 하늘에 있는 것이나 땅에 있는 것, 즉 만물입니다. 만물이 다 그리스도 안에서 통일되게 하려 하시기 위함이라는 것입니다.

통일은 상이한 두 나라, 분열된 두 나라, 서로 적대시하는 두 나라를 하나로 만들겠다는 것이지요. 하나가 된다는 것은 상이함이 없어지고, 분열이 없어지고, 적대감이 없어지는 그런 나라를 넘어서서 새로운 질서, 새로운 체제가 만들어지는 것이지요. 하나님께서 사람들로 하여금 그리스도를 주로 삼도록 만들어 한 새로운 질서 체제를 만들겠다는 것이지요. 하나님의 궁극적인 계획입니다. 세상 마지막 끝 날에 주님이 이 땅에 오실 때 자연스럽게 그렇게 될 것입니다. 요한계시록 21장 1절입니다. **"또 내가 새 하늘과 새 땅을 보니 처음 하늘과 처음 땅이 없어졌고 바다도 다시 있지 않더라"** 완전히 새로운 세계를 말합니다. 그런데 이 말씀은 '그리스도 안에서'라고 했으니 오늘 우리가 그리스도를 주로 믿고 있으니 오늘 우리들이 있는 곳에서부터 새로운 질서가 만들어진다는 것이지요. 가정을 직장을 내가 있는 곳을 완전히 새로운 곳으로 만드시겠다는 것입니다. 내가 있는 곳이 회복될 수 있습니다. 하나님의 강력한 뜻입니다.

5월은 가정의 달이니까 가정을 예로 들어봅니다. 에베소서 5장에 이런 말씀을 합니다. 아내들에게 남편을 대할 때, 주께 하듯이 하라고 합니다. 남편들에게는 아내 사랑하기를 주님께서 교회를 사랑하듯이 그렇게 하라고 합니다. 자녀들에게는 주 안에서 부모를 공경하라고 합니다. 이 말은 전부다 상대방을 주님에게 하듯이 하라는 말씀입니다. 상대방을 주님으로 보라는 것입니다. 사실 그렇습니다. 예수를 주로 믿으면 그 사람은 자신은 없고 오직 주님만이 있습니다. 그러니 주님으로 봐야 합니다. 이런 가정은 지상 어디에도 없습니다. 완전히 새로운 가정입니다. 그것이 가정의 참모습입니다. 우리 모두가 그렇게 하면 가정이 그리스도 안에서 통일이 된 것이지요. 오늘 집에 가서 서로를 부를 때, '주님'으로 불러 보시기 바랍니다.

부부간의 사랑이란 개념도 완전히 새로워집니다. 사람을 보면 실망감을 안겨줍니다. 사람을 보면 정이 떨어집니다. 그러나 그들 안에 주님이 계심을 보니까 그들을 주님으로 사랑해야 함을 깨닫습니다. 내가 주님을 사랑하는 것같이 그렇게 그들을 사랑하려고 합니다. 그러면 그 사람의 말 한마디, 행동 하나에 내가 흐트러지지 않습니다. 우리 모두의 가정에서 그렇게 하면 새로운 사랑이 지구상에 나타납니다. 사랑이 통일되는 것입니다.

하나님께서는 우리를 죄 사함 받게 하여 예수를 주로 믿게 함으로 우리가 있는 곳에서 그리스도 안에서의 새로운 질서와 체제를 만드시는 원대한 계획을 세우신 것입니다. 분열되고 나눠진 세상 가운데서 이 땅에 없는 그리스도가 중심이 되는 새로운 가정, 새로운 사업체, 새로운 직장 새로운 인생 등을 세울 계획을 세우신 것입니다. 그렇다면 내가 예수를 주로 삼고 자녀를 양육합니다. 작은 일입니까? 절대 그렇지 않습니다. 그것은 하나님께서 계획하신 통일을 이루는 과정입니다. 조선소에서 만들어지는 거대한 배는 수 천 명의 사람들의 작업의 결과입니다. 각각의 사람은 그 큰 배의 한 조각을 만들었을 뿐입니다. 그러나 그 한 조각이 없으면 그 배는 뜰 수 없습니다. 수 백 명의 용접기사가 있지만 한 사람이 용접한 한 부분에서 물이 샌다면 그 배는 뜰 수 없습니다. 그렇듯이 오늘날 모든 것이 혼돈한 이때에 예수를 내가 주로 삼고 살아가는 것은 만물을 통일되게 하는 하나님의 우주적 계획 속에서 살아가는 것입니다.

이것을 알면 새로운 눈이 열립니다. 부부간에도 신앙의 차이가 있습니다. 한쪽은 믿지 않을 수 있습니다. 내가 아내를 남편을 주님으로 보고 사랑을 합니다. 그럼 상대방도 그렇게 하면 마음에 갈등이 일어나지 않습니다. 나는 그렇게 하는데, 상대방은 여전히 자기중심적으로 움직입니다. 세상적인 기준을 가지고 말을 합니다. 불일치가 일어납니다. 나는 주님께 헌신하듯이 그렇게 헌신하려고 하는데, 상대방은 오히려 나의 심기를 긁습니다. 나를 힘들게 합니다. 신경질을 돋울 수도 있습니다. 내 안에 불뚝불뚝 옛 자아가 살아납니다. 한바탕 하고 싶습니다.

이때 우리가 알아야 합니다. 이것이 바로 영적 전쟁임을 말입니다. 마귀는 하나님께서 만물을 통일시키려는 계획을 어떻게든 이뤄지지 않도록 하려고 합니다. 나는 남편을 주님으로 보면서 살려고 하는데 자꾸만 그렇게 살지 못하도록 막습니다. 주님이 원하는 사랑을 하지 못하도록 합니다. 주님이 원하는 가정을 만들지 못하도록 합니다. 주님이 원하는 교회를 세우지 못하도록 합니다. 주님이 원하시는 직장을 만들지 못하도록 합니다. 다시 나눠지고 분열되며, 자기 생각대로 살아가도록 만듭니다. 이것을 보실 수 있어야 합니다.

분명한 것은 하나님께서 만물을 그리스도 안에서 통일시키려고 하기에 우리가 주님의 주권을 받아들여 끝까지 그렇게 살면, 반드시 하나님께서 우리를 통하여 회복케 하시는 은혜를 주십니다. 하나님께서 이 세상 가운데 새로운 하나님의 세계를 만들기 위하여 우리를 구원하셨습니다. 그 놀라운 계획에 우리를 동참시키셨습니다. 오늘 내가 이 세상 가운데 예수를 주로 삼고 살아가는 것, 그것이 복임을 보실 수 있는 은혜가 있기를 축복합니다.

04

하나님께서 우리를 선민으로 삼으시다

04
하나님께서 우리를 선민으로 삼으시다

에베소서 1:11-12

11 모든 일을 그의 뜻의 결정대로 일하시는 이의 계획을 따라 우리가 예
정을 입어 그 안에서 기업이 되었으니 12 이는 우리가 그리스도 안에서
전부터 바라던 그의 영광의 찬송이 되게 하려 하심이라

이스라엘 역사의 특이점을 보면 이들은 자신의 땅에서 쫓겨 가고 돌아오기
를 반복하였다는 점입니다. 하나님은 갈대아 우르에 살고 있는 아브라함을
불러 가나안 땅에 살게 합니다. 그러나 그의 손자 야곱 때, 이스라엘은 가나
안에서 나와서 애굽에서 400년을 보내고 모세의 지도하에 다시 가나안으로
들어옵니다. 가나안에 들어온 지 대략 400년이 지나 이스라엘은 바벨론에 멸
망당하여 포로로 끌려가서 그곳에서 70년을 지내다 돌아옵니다. 돌아와서는
메데 바사, 헬라, 로마의 지배를 받다 주후 70년에 로마가 이스라엘을 완전히
멸망시키고 그들을 땅에서 쫓아냅니다. 모든 이스라엘 백성들은 나라 없는
민족이 되어 거의 1900년을 보냅니다. 그러다 1948년도에 이스라엘이 다시

돌아와서 나라를 건국합니다. 이들이 자기 땅 없이 산 년 수만 해도 이천년이 넘습니다. 그런데 어떻게 그들은 그 오랜 기간 유대인의 정체성을 잃지 않고 다시 이스라엘을 건국할 수 있었을까요? 많은 학자들이 동의하는 내용입니다만 그들의 선민사상 때문입니다. "우리는 하나님이 택한 거룩한 백성이다. 하나님이 우리와 함께하신다." 그 선민사상이 그들의 정체성이 되어 그들로 하여금 모든 환경을 이기게 만들었다는 것이지요.

에베소서 1:3절부터 하나님께서는 예수를 주로 믿는 자에게 하늘에 속한 모든 신령한 복을 주셨음을 밝힙니다. 하늘에 속한 모든 신령한 복이란 영영토록 없어지지 않을 진짜 복이란 말입니다. 예수를 주로 믿습니까? 그럼 우리는 모든 신령한 복을 받았기에 복덩이입니다.

계속해서 우리가 받은 복이 무엇인지 밝힙니다.

먼저, 우리가 하나님의 진짜 선민이 되었습니다.

11절입니다. **"모든 일을 그의 뜻의 결정대로 일하시는 이의 계획을 따라 우리가 예정을 입어 그 안에서 기업이 되었으니."** 성경에서 기업이란 말은 이스라엘 백성들이 가나안 땅에 들어가서 각 지파별로 제비를 뽑아서 분배 받은 땅을 가리킵니다. 11절의 기업이라고 번역한 단어의 원문은 '클레레오'의 수동태인데 그 뜻은 '제비 뽑혔다'입니다. 본문에서 누가 제비 뽑혔습니까? '우리'입니다. 여기서 우리는 누구입니까? 예수를 주로 믿는 자들입니다. 내가 예수를 주로 믿고 있다면, 나는 어떤 자가 되었습니까? 제비 뽑힌 자가 된 것이지요. 제비로 뽑혔으니 하나님의 기업이 된 것이지요.

　여기서 잠깐 생각을 해 봐야 합니다. 우리가 문방구에서 뽑기를 합니다. 어쩌다 그날 꽝을 뽑지 않고 좋은 선물을 뽑았습니다. 물어보겠습니다. 그 좋은 선물은 내가 선택한 것입니까? 운 좋게 걸린 것입니까? 운 좋게 걸렸습니다. 그럼 하나님께서 나를 제비 뽑아 그의 기업이 되도록 하였다는 이 말, 한편으로 보면 내가 운이 좋아 걸린 것 같습니다. 무슨 말이냐 하면, 우리가 예수를 믿은 것, 이것 그냥 내가 어쩌다 믿은 것으로 보이지 하나님이 선택했기에 내가 믿은 것으로 보이지 않습니다.

　하나님은 그런 생각을 없애기 위해서 우리를 제비 뽑힌 기업에 비유를 하고 있는 것입니다. 이스라엘이 언제 가나안 땅을 기업으로 받았습니까? 표면적으로는 가나안을 정복한 다음 제비를 뽑았을 때입니다. 그러나 하나님은 언제부터 그 땅을 주려는 계획을 세웠습니까? 창세기 15장 7절입니다. **"또 그에게 이르시되 나는 이 땅을 네게 주어 소유를 삼게 하려고 너를 갈대아인의 우르에서 이끌어 낸 여호와니라."** 아브라함이 갈대아 우르라는 지역에 살고 있을 때, 그때에 아브라함은 하나님과 전혀 관계가 없었는데, 그런 그를 부르셔서 가나안 땅을 주겠다고 약속을 하십니다. 이때는 이스라엘 백성들이 가나안 땅을 기업으로 얻기 800년 전입니다. 그곳에는 가나안 원주민이 이미 살고 있습니다. 실제　그 땅이 아브라함의 기업이 되려면 어떤 일이 있어야 합니까? 아브라함에게 약속한 그때로부터 800년 동안 아브라함과 그 자손을 지켜주어야 합니다. 그 땅에 들어가서 그곳의 사람들과 전쟁해서 승리해야 합니다. 이 모든 과정을 거쳐서 그들은 그 땅에 들어갔고 제비 뽑아 땅을 얻었습니다. 표면적으로는 제비 뽑아 얻은 것 같아 보이지만 실제 그 땅은 어떤 땅입니까? 하나님이 주시겠다고 선택한 땅입니다. 결국 제비 뽑아 땅을 기업으로 받았다는 말은 결국 하나님이 선택한 땅을 받았다는 말입니다.

하나님께서 우리를 뽑으셔서 그의 기업으로 삼았다는 말도 결국 하나님께서 우리를 선택하였기에 뽑혔음을 일러주는 말입니다. 11절의 여러 단어가 이 사실을 확인시켜줍니다. **"모든 일을 그의 뜻의 결정대로 일하시는 이의 계획을 따라 우리가 예정을 입어 그 안에서 기업이 되었으니"** 번호를 달아놓으시면 좋겠습니다. 먼저 '그의 뜻'에 ①번, '결정대로'에 ②번, '일하시는'이란 말에 ③번, '계획을 따라'에 ④번 그리고 '예정을 입어'에 ⑤번을 붙여 놓습니다.

①번 "뜻(텔레마)"이란 '갈망하였다'는 말입니다. 갈망은 갖기를 간절히 원하는 마음입니다. 하나님께서 나를 가지려는 소원을 품은 것입니다. 하나님께서 이스라엘이 만들어지기 전에 가나안 땅을 주기를 갈망하셨던 것처럼 하나님은 내가 예수 믿기 전에 나를 갈망하였습니다.

②번 '결정(불레)대로'는 '계획대로'라는 말입니다. 나를 갖기 원하여 하나님께서는 나로 하여금 예수를 믿도록 계획을 세우셨습니다.

③번 '일하신다'(에네르네오)는 말은 '하나님께서 역사하셨다.' '하나님께서 만물을 움직이셨다' 는 말입니다. 나를 믿게 하기 위해서 만물을 움직이시면서 활동하였습니다.

④번 '계획(프로테시스)을 따라'라는 말은 미리 설계하다는 뜻입니다. 건물을

짓기 전 미리 설계 합니다. 그 설계도를 우리는 청사진이라고 합니다. 우리를 믿도록 하기 위한 모든 설계도를 그려놓고 활동하셨습니다.

과학에 열역학 제2의 법칙이 있습니다. 물이 위에서 아래로만 흐르듯이 우주가 어느 한 쪽 방향으로 흐르는데, 그 방향은 반드시 질서에서 무질서 쪽으로 흐른다는 것이지요. 이것은 법칙입니다. 좋은 집도 시간이 흐르면 어떻게 됩니까? 무너집니다. 더 좋은 집이 되는 것이 아닙니다. 요즘 저하고 통화를 하시는 분들이 이런 말씀을 많이 합니다. "목사님, 요즘 왜 이렇게 잘 잊어버리는지 몰라요?" 시간이 흐르면서 더 총명해지는 것이 아닙니다. 이 법칙을 가지고 기독교 변증가들은 하나님의 살아계심을 입증합니다. 태초에는 땅이 혼돈하고 공허합니다. 이것은 어느 누구도 상상할 수 있습니다. 그럼 그 땅에서 저절로 질서가 생길 수 있습니까? 세상 과학자들은 열역학 2 법칙을 믿으면서도 그럴 수 있다고 합니다. 절대 안 됩니다. 혼돈에서 질서가 생길 수 없습니다. 혼돈과 공허에서 질서가 세워지려면 그렇게 할 수 있는 자가 필요합니다. 모든 만물보다 뛰어난 자가 계셔야 합니다. 그렇지 않으면 절대 질서가 생길 수 없습니다. 혼돈과 공허 속에서 질서 정연한 우주가 생겨난 까닭은 만물보다 뛰어난 하나님께서 이 모든 질서를 설계하시고 계획하셨기 때문에 가능합니다. 하나님은 미리 설계하시는 분이십니다. 나를 뽑을 모든 설계를 다하셨습니다.

⑤번 '예정을 입어'는 하나님께서 미리 우리를 '표시해 두었다', '결정해 두었다'는 말입니다. 하나님께서는 나를 선택해 놓으시고 활동하신 것입니다.

제비 뽑힌 것 같이 오늘 내가 우연히 예수를 믿게 된 것 같아 보일지라도, 나를 뽑기 위해서 하나님께서는 나를 갖기를 갈망하시고, 나를 예정하시고, 그리고 청사진을 그리시고 활동하였습니다. 오늘 내가 뽑힌 것, 그래서 예수를 믿게 된 것은 철저한 하나님의 선택 때문입니다. 이 땅에 오고 가는 수많은 사람들 중에 하나님은 나를 선택하여 뽑으신 것입니다.

둘째, 우리가 하나님의 기쁨이 되었다는 것입니다.

왜 이렇게 나를 선택하셨느냐? 그 까닭은 12절에 나와 있습니다. 그의 영광의 찬송이 되게 하기 위해서입니다. 손흥민 선수의 아버지는 손흥민 선수를 어릴 때부터 축구선수로 되도록 키웠다고 합니다. 그것도 세계에서 유명한 선수가 되기를 바라면서 키웠습니다. 아버지는 자신의 생애를 자녀인 손흥민에게 투자합니다. 결국 손흥민은 유명한 선수가 되었습니다. 그런 아들을 바라봅니다. 아버지 마음에 기쁨이 가득합니다. 결국 손흥민 선수는 아버지를 영광스럽게 하는 찬송이 된 것입니다.

하나님께서 나를 갖기 간절히 원하였고, 그 일을 이루기 위해 역사를 움직이셨습니다. 그 소원이 언제 이뤄졌습니까? 내가 예수를 주로 믿는 그 순간입니다. 하나님께서 자신의 생명을 내어주면서 이루려고 한 그 소원이 이뤄진 것이지요. 그렇기에 예수 믿는 나를 볼 때, 하나님 아버지께서는 기쁨을 감추지 못합니다. 우리는 하나님 아버지의 영광의 찬송이 된 것이지요. 이런 경우가 역사 이래로 한 번 있었습니다. 하나님께서 아담과 하와를 만드신 다음에 그때 그들을 보시고 하신 말이 무엇이었습니까? "보시기에 심히 좋았더라." 예수를 주로 믿는 것, 하나님의 전적인 작품이기에 하나님은 나를 보기만 봐도 즐거워합니다. 스바냐 선지자가 그리스도가 오기 전 그리스도를 믿는 자를 하나님께서 어떻게 보실지 말씀을 하였습니다. 스바냐 3장 17절입니다. **"너의 하나님 여호와가 너의 가운데 계시니 그는 구원을 베푸실 전능자이니라. 그가 너로 말미암아 기쁨을 이기지 못하시며 너를 잠잠히 사랑하시며 너로 말미암아 즐거이 부르며 기뻐하시리라 하리라"**

하나님께서 진실로 자신의 생명인 예수를 보내어서 자신을 구원하였음을 알자, 바울의 평생의 소원은 다른 것이 아니었습니다. 고후 5장 9절입니다. **"그런즉 우리는 몸으로 있든지 떠나든지 주를 기쁘시게 하는 자가 되기를 원하노라."** 가장 불행한 인생이 무엇입니까? 오로지 자신만을 기쁘게 하기 위해서 사는 인생입니다. 내가 주님을 기쁘시게 하는 자가 된 것, 얼마나 큰 복을 받았습니까?

여러분들이여, 내가 받은 이 신령한 복을 늘 되뇌시기 바랍니다. "나, 하나님의 선민이야, 만물의 주권자인 주님이 나와 함께 계셔, 절대 나를 포기하지 않아, 나는 하나님의 기쁨이야." 거기에서 은혜가 옵니다. 거기에서 나의 영광도 알게 됩니다. 세상을 이길 힘도 옵니다. 이스라엘이 선민사상으로 그 역사를 헤쳐나간 것처럼, 이 복을 믿으면 우리 또한 환난을 이길 힘을 얻습니다. 상황을 바라보는 눈도 달라집니다. 하나님이 선택한 나에게 온 이 모든 상황도 나에게 유익을 주는 것인 줄 알게 됩니다. 이 복을 기억하며, 이 세상을 이기며 사시길 바랍니다.

05

하나님께서 천국을 주시다

05
하나님께서 천국을 주시다

에베소서 1:13~14

13 그 안에서 너희도 진리의 말씀 곧 너희의 구원의 복음을 듣고 그 안에

서 또한 믿어 약속의 성령으로 인치심을 받았으니 14 이는 우리 기업의

보증이 되사 그 얻으신 것을 속량하시고 그의 영광을 찬송하게 하려 하심

이라

이런 내용의 글을 읽고 한편으로 공감이 되었습니다. 40대가 되면 잘난 인물이든, 못난 인물이든 외모가 평준화된다고 합니다. 개인적으로는 자신이 좀 좋아 보여도 밖에서 보면 별 차이가 없다는 거죠. 50대가 되면 지식이 평준화된답니다. 젊을 때는 어느 학교 나왔다, 무슨 학위를 땄다 요란을 떨지만 50이 넘으면 학벌이고 뭐고 별 의미가 없어져요. 60대가 되면 건강이 평준화된다고 합니다. 50대까지는 거뜬히 산을 오르던 사람도 60 중반이 넘으면 "아이고, 못 가겠다" 하고 주저앉습니다. 70대가 되면 재물의 평준화가 이뤄진다고 합니다. 소유를 말하는 것이 아니고 재물에 대한 인식입니다. 돈이 전부가

아님을 깊이 깨닫는다고 합니다. 80대가 되면 죽음의 평준화가 이뤄집니다. 언제 본향으로 갈지 모르는 대기 인생이 된다 그 말입니다. 은행에서 번호표 받아 쥐고 차례를 기다리듯이 우리 이름 호명할 순간만 기다리는 인생이 됩니다.

사람의 일생을 살펴보면 결국 인생은 죽음을 향해 가고 있음을 부인할 수 없습니다. 죽음을 향해 가기에 반드시 해결해야 할 문제가 있습니다. 히브리서 9장 27절입니다. **"한 번 죽는 것은 사람에게 정해진 것이요, 그 후에는 심판이 있으리니"** 죽음 후의 문제에 봉착합니다. 제가 도발적인 말을 할게요. 사랑하는 내 자녀가 출가해서 잘살고 있어요. 부모에게 효도하고 있어요. 그런데 그 자녀가 반드시 지옥 간다는 통지서를 내가 받았다고 생각해 봅니다. 그럼 그 자녀만 보면 눈물이 날 거에요. 욥의 고백처럼, 차라리 저 애가 태어나지 않았으면 좋았을 것이라고, 내가 저 애를 낳지 않았으면 좋았을 것이라고 탄식할 겁니다.

그렇기에 가장 복 있는 인생은 죽음 문제를 해결한 사람입니다. 즉 천국을 준비한 사람입니다. 그런데 천국은 자신이 능력으로 얻을 수 있는 것이 아닙니다. 천국은 받아야 합니다. 세상 나라도 마찬가지입니다. 우리가 미국에서 살고 싶다고 해서 내 맘대로 됩니까? 비행기 탈 수 있는 돈이 있다고, 미국 빌딩을 살 수 있는 돈이 있다고 가서 살 수 있습니까? 미국이 허락을 해 줘야 합니다. 천국은 하나님의 나라입니다. 그렇기에 하나님이 우리에게 주셔야만 들어갈 수 있습니다. 하나님께서 하늘에 속한 모든 신령한 복을 믿는 자에게 주셨습니다. 그렇기에 믿는 자는 어떤 자들입니까? 복덩이입니다. 오늘 본문은 믿는 자들에게 천국까지 주셨음을 말씀합니다. 할렐루야!

그럼 천국을 주었다면 믿는 자는 그것을 확인할 수 있을까요, 없을까요? 사람들에게 '천국 갈 수 있어?'라고 물으면 몇몇은 '죽어 봐야 알지!'라고 대답합니다. 과연 죽어봐야 압니까? 오늘 본문은 믿는 자는 자신이 천국을 얻었는지 그렇지 않은지 확인할 수 있다는 겁니다. 그리고 반드시 확인해야 합니다. 우리 눈에 볼 수 있도록 주셨기 때문입니다. 따라서 나에게 확인이 안 되면 나는 천국을 얻지 못한 자가 됩니다.

그럼 어떻게 확인할 수 있습니까? 궁금하시죠? 한편으로는 '나에게서 확인이 안 되면 어떻게 하나'라는 마음으로 두려우시죠? 확인하기 전에 먼저 우리가 진리 하나를 알아야 합니다. '믿음'은 내 안에 성령이 계심을 보여주는 표임을 알아야 합니다. 13절입니다. **"그 안에서 너희도 진리의 말씀 곧 너희의 구원의 복음을 듣고 그 안에서 또한 믿어 약속의 성령으로 인치심을 받았으니"** 사람은 복음을 들을 때 믿음이 생깁니다. 그런데 '그 안에서 복음을 듣고, 그 안에서 믿었다'고 합니다. '그 안에서'는 넓은 의미로 '하나님의 구원 계획안에서'입니다. 내가 복음을 듣게 된 것도 하나님의 구원 계획안에 있었고, 내가 믿은 것도 하나님의 구원 계획안에 있었습니다. 다 하나님이 하신 일입니다. 그럼 하나님이 나를 어떻게 믿게 하였습니까? 13절을 다시 보면, "약속의 성령으로 인치심을 받았으니"라고 합니다. 인 친 것은 도장을 찍은 것을 말한 것인데, 다른 말이 아닙니다. 성령을 나에게 주셨다는 것이지요. 성령을 주셨기에 내가 믿은 것입니다. 고전 12장 3절입니다. **"그러므로 내가 너희에게 알리노니 하나님의 영으로 말하는 자는 누구든지 예수를 저주할 자라 하지 아니하고 또 성령으로 아니하고는 누구든지 예수를 주시라 할 수 없느니라."** 나뭇가지가 흔들리면 바람이 있음을 알 수 있습니다. 바람은 보이지 않지만 우리는 바람을 확신합니다. 예수를 나의 주라고 믿는 것은 성령이 내 안에 계시기 때문입니다. 믿음은 내 안에 성령이 계심을 보여주는 표입니다.

내가 천국을 얻었는지 얻지 않았는지 어떻게 확인할 수 있느냐고 했을 때 본문은 우리 안에 계신 성령이 바로 그 표라고 말씀합니다.

14절입니다. **"이는 우리 기업의 보증이 되사 그 얻으신 것을 속량하시고 그의 영광을 찬송하게 하려 하심이라."** '이는'이란 말은 "너희 안에 있는 성령은"이란 말입니다. 그 성령은 우리에게 무엇이 된다고 합니까? '우리 기업의 보증'이 되신다고 합니다. 여기서 말하는 기업의 의미는 11절과 다릅니다. 11절의 '하나님의 기업'은 곧 하나님이 택하신 선민을 가리키는 말입니다. 14절은 '우리의 기업'입니다. 이스라엘은 자신들이 들어갈 가나안 땅, 또는 나라를 기업이라고 표현하였습니다. 우리의 기업이란 우리가 들어갈 땅, 또는 나라입니다. 그 땅과 나라는 무엇일까? 고린도후서 5장 1절에 설명되어 있습니다. **"만일 땅에 있는 우리의 장막집이 무너지면 하나님께서 지으신 집 곧 손으로 지은 것이 아니요 하늘에 있는 영원한 집이 우리에게 있는 줄 아느니라."** 우리에게는 하늘에 있는 영원한 집, 곧 천국이 있다는 것이에요. 그러면서 고후 5:5을 보면, **"곧 이것을 우리에게 이루게 하시려고 보증으로 성령을 우리에게 주신 이는 하나님이시니라"** 하나님께서 천국을 우리에게 주시려고 하는데 그

보증으로 우리에게 무엇을 주었다는 것이지요. 성령입니다. 그럼 에베소서 1 장 14절의 성령이 우리 기업의 보증이 되셨다고 할 때, 기업은 무엇을 의미하는지 확인이 됩니다. 천국을 가리킵니다.

14절의 **'이는 우리 기업의 보증이 되사'**를 해석하여 읽으면 **"너희 안에 있는 성령은 너희 천국의 보증이 되시나니"** 입니다. 보증의 정확한 번역은 보증금입니다. 집을 구입할 때, 미리 보증금을 지불하고 계약을 맺습니다. 그럼 그 집은 장차 내가 살 집입니다. 물론 잔금을 치러야 하지만 논리적으로는 나는 그 집에 들어가 살 것입니다. 내가 지불한 보증금은 내가 앞으로 살 집을 구입했다는 증거가 됩니다. 성령이 나의 천국에 대한 보증금입니다. 그럼 나는 무엇을 얻었음을 가리킵니까? 천국을 얻었다는 것입니다. 우리 안에 계신 성령은 우리가 죽음의 문제를 해결하였음을, 심판받지 않음을, 천국을 얻었음을 말해줍니다.

나아가서 내 안에 계신 성령은 내가 천국에서 살아갈 수 있는 자로 변화된다는 것을 보증합니다.

생각해 보시기 바랍니다. 지금 이 상태로 내가 천국에 가서 살 수 있습니까? 즉 육체와 죄에 끌려 살아가는 그런 상태로 천국에 가서 살 수 있습니까? 그럼 천국이 무엇이 됩니까? 이 세상과 다를 바 없어집니다. 그렇기에 우리 자신이 천국에서 살 수 있는 자가 되어야 합니다. 14절을 다시 봅니다. **"이는 우리 기업의 보증이 되사"** 그다음에 어떤 말씀을 하십니까? **"그 얻으신 것을 속량하시고"**라고 합니다. '얻으신 것'은 우리를 가리키는 말입니다. 하나님이 우리를 소유하였다는 말입니다. 하나님이 믿는 우리를 속량하셨습니다. 속량의 뜻은 우리의 죄를 사하여 주신다는 말인데, 속량은 두 단계로 이뤄집니다. 처음 예수 믿을 때 우리는 속량을 받았습니다. 죄 사함을 받았습니다. 그럼에도 우리가 죄 가운데 살 때가 참 많습니다. 자기를 붙잡고 사는 것이지요. 그래서 섭섭해하며, 탄식하며, 염려하며, 분노하며, 욕심을 부리며, 정욕을 추구하며 살아갑니다. 죄 사함 받았지만 여전히 죄에 흔들립니다. 속량의 두 번째 단계는 마지막 날 일어나는데 주님이 이 땅에 오실 때, 아예 우리가 죄 없는 몸이 되도록 합니다. 주님과 같은 영광스러운 몸으로 바뀌는 것이지요. 죄를 지을 수 없는 몸입니다. 그러니 자신을 사랑하지 않고 오직 주님만을 사랑합니다. 천국은 주님과 함께 사는 곳입니다. 그곳에서 자신을 사랑한다면 그는 천국 백성이 되지 못합니다. 하나님께서는 속량함으로 우리를 천국의 백성으로 완전히 변화시킵니다. 이 일을 우리 안에 계신 성령께서 하실 것입니다.

또 성령은 우리가 진정 하나님을 기뻐하며 찬양하는 자로 변화시킵니다.

14절 말미에 '**그의 영광을 찬송하게 하려 함이니라.**'라고 합니다. 천국은 하나님과 어린 양 예수를 찬양하며 사는 곳입니다. 이 말은 다른 말이 아닙니다. 가장 큰 기쁨, 가장 큰 즐거움으로 살아간다는 말입니다. 우리가 이 땅의 힘든 일을 만났을지라도 기도하는 중에 주님의 말씀을 듣거나, 또는 주님의 사랑이 내 안에 흘러 들어올 때, 우리는 그 사랑으로 인하여 감격하며 즐거워합니다. 환난 가운데서도 즐거워합니다. 그러므로 세상을 이깁니다. 우리는 성령으로 말미암아 온전히 주님의 몸으로 변하며, 오직 하나님의 사랑을 찬양하는 자가 될 것입니다. 다시 말해 가장 큰 기쁨과 즐거움을 가진 자가 될 것입니다. 온전한 천국 백성이 될 것입니다. 이 일이 분명히 나에게 일어남을 보여주는 표가 있습니다. 그것이 무엇입니까? 내 안에 계신 성령입니다.

그렇기에 내 안에 성령이 있다면 나는 확실히 천국을 받은 자입니다. 성령이 있는지 없는지 무엇으로 확인합니까? 믿음입니다. 믿음은 무엇입니까? 내가 주님과 함께 죽었고, 주님이 나의 주이심을 믿으며 주님의 몸으로 살아가는 것입니다. 지금 그 믿음이 나에게 있습니까? 우리는 천국의 복을 받았습니다. 할렐루야! 이것을 알면 우리는 죽음을 전혀 다른 시각으로 보게 됩니다. 오래전 일화입니다. 1970년 2월 10일, 우리나라 여성 지도자의 대명사였던 김활란 박사가 유언장을 남겼습니다. "나는 인간의 생명이란 영원불멸하다는 것을 믿고 날마다 하나님께서 힘주시는 대로 더 좋은 생명의 길을 찾기 위해 살았습니다. 흙에 속한 육체의 기능이 퇴폐하여 심장이 멈춘다고 해서 내가 죽은 것은 아닙니다. 육체가 없어졌다고 해서 나를 죽은 사람으로 취급하는 장례식은 절대로 싫습니다. 세상에서 체험할 수 없었던 더 풍성한 생명의 길로 또 더욱 화려한 승리의 길로 환송해 주는 환송예배를 장례식 대신해 주시기 바랍니다. 거기에 적합하게 모든 승리와 영광과 생명의 노래로 엮은 웅장하고 신나는 음악회가 되기를 원합니다." 그리고 실제 그가 죽었을 때, 그의 동문들과 학생들은 운구가 나가는 장례식 날, 베르디의 '개선의 기쁜 노래', 하이든의 '하늘은 주의 영광을'이라는 찬양을 드렸습니다.

하나님께서 나를 선택하여, 나를 구원할 계획을 세우시고, 그 일을 위해서 예수 그리스도를 보내셨고, 예수 그리스도를 증거 할 전도자를 보내셨고, 성령을 보내어서 나로 하여금 믿게 하였고 그 믿는 자들에게 천국을 약속하셨습니다. 거기에 그치지 않고 성령으로 말미암아 내가 천국 백성이 되도록 그날에 온전히 나를 변화시킵니다. 그야말로 하늘에 속한 모든 복을 우리에게 주셨습니다. 다윗이 왕이 된 다음에, 내가 무엇이 관대, 내가 무엇이 관대... 외쳤습니다. 도대체 우리가 무엇이 관대... 하나님께서 이렇게 하셨습니까? 우리가 해야 할 일은 그의 사랑을 찬양하는 것밖에 없습니다. 여러분들이여, 하늘에 속한 모든 신령한 복을 받은 자임을 기억하며 모든 환경 가운데서 찬양하며 사시기 바랍니다.

06
마음의 눈을 밝히사

06
마음의 눈을 밝히사

엡 1:15~18

15 이로 말미암아 주 예수 안에서 너희 믿음과 모든 성도를 향한 사랑을 나도 듣고 16 내가 기도할 때에 기억하며 너희로 말미암아 감사하기를 그치지 아니하고 17 우리 주 예수 그리스도의 하나님, 영광의 아버지께서 지혜와 계시의 영을 너희에게 주사 하나님을 알게 하시고 18 너희 마음의 눈을 밝히사 그의 부르심의 소망이 무엇이며 성도 안에서 그 기업의 영광의 풍성함이 무엇이며

앞에서 우리는 하나님께서는 믿는 자들에게 하늘에 속한 모든 신령한 복을 주었음을 읽었습니다. 그래서 믿는 자는 어떤 자가 되었다고 했습니까? 복덩이입니다. 이어지는 15절에서 23절까지의 내용은 바울의 기도문입니다. 바울은 여기서 자신의 일상의 문제 때문에 기도하는 것이 아닙니다. 성도들이 하나님께서 행하신 일을 깨달아 분명한 확신 가운데서 믿음 생활 할 수 있기를 기도합니다. 오늘 본문을 통해 우리는 세 가지 진리를 깨달을 수 있습니다.

첫째, 참된 믿음은 사랑을 통하여 확인됩니다.

바울은 그들의 이름을 부르면서 기도하는데 감사를 그치지 않습니다. 16절 **"내가 기도할 때에 기억하며 너희로 말미암아 감사하기를 그치지 아니하며"** 그렇게 감사를 하는 까닭은 15절에 나옵니다. **"이로 말미암아 주 예수 안에서 너희 믿음과 모든 성도를 향한 사랑을 나도 듣고"** 그들에게 주 예수 안에 있는 믿음이 있다는 것이지요. 주 예수 안에 있는 믿음이란 지금 그들이 예수를 주로 섬기고 있다는 말입니다. 그것이 왜 그렇게 감사할까요? 집에 자녀가 있는데 해 준 것이 없습니다. 다른 집 아이들처럼 학원 하나 제대로 보내지 못했는데, 그런데 믿음 안에서 말썽부리지 않고 반듯하게 자라서 제 앞가림 다 하고 있습니다. 부모 입장에서 그것보다 고맙고 감사한 일이 없습니다. 바울은 바로 그런 부모의 심정입니다. 바울은 에베소에서 3년 정도 있으면서 말씀을 가르쳤습니다. 그로부터 5년 정도가 지난 현재는 로마의 감옥에 있습니다. 다시는 그들을 볼 수 없습니다. 그런데 그들이 예수를 주로 잘 섬기고 있다는 말을 듣습니다. 그 말은 무엇을 의미합니까? 15절을 봅니다. **"이로 말미암아"**는 '이러한 이유 때문에'입니다. 풀어쓰면 **'하나님께서는 믿는 자에게 하늘에 속한 모든 신령한 복을 주시기 때문에'**입니다. 그런데 그들은 주 예수 안에 있으니 하늘에 속한 신령한 모든 복을 받은 자들이 되었습니다. 바울이 없는 가운데도 그들은 믿음으로 살고 있으며 그 복을 받은 자들이 되었습니다. 바울은 복음을 전해 준 부모입니다. 그래서 감사가 연신 터져 나옵니다.

여기서 우리는 질문해 보아야 합니다. 바울은 그들이 예수를 주로 믿는 믿음을 가졌다는 것을 무엇을 통해서 확인하였을까? 15절을 봅니다. 바울은 그들의 믿음과 모든 성도를 향한 사랑을 보았다고 합니다. 이 말은 그들에게 믿음도 있고 사랑도 있다는 말이 아닙니다. 이 말은 그들에게 있는 믿음이 사랑으로 나타났다는 말입니다. 그 사랑을 보면서 그들의 믿음을 확인한 것입니다.

왜 믿음은 사랑으로 나타날까요? 믿음은 오직 예수만이 자신에게 있음을, 그러므로 자신은 예수님의 몸으로 살아야 함을 깨닫는 것입니다. 주님의 일생을 한 마디로 표현하면 사랑입니다. 그럼 자신은 없고 주님의 몸으로 사는 자는 당연히 사랑해야 합니다. 예수님의 사랑에는 두 가지 특성이 있습니다. 첫째, 그는 모든 사람을 사랑하였습니다. 둘째, 그의 사랑은 사람을 살리는 것 즉 세워주는 것으로 나타났습니다. 1장 15절을 보면 에베소 성도들은 어떻게 사랑했습니까? 모든 성도를 사랑했습니다. 예수님처럼 사랑했다는 것이지요. 그들은 자신을 내어주고 모든 성도들을 세워주려고 한 것입니다.

믿음으로 산다는 것은 사랑하며 산다는 것이며, 사랑하며 산다는 것은 자신을 내어주고 다른 사람을 세워주기 위해 산다는 것이지요. 그래서 사랑장으로 불리는 고린도전서 13장에서 사랑은 자기의 유익을 구하지 아니하며 모든 것을 참으며 견디며 사는 것이라고 하는 것이지요. 베드로의 설교를 듣고 삼천 명이 회개하고 예수를 믿었습니다. 그런데 믿는 자들 중에는 유난히 과부들이 많습니다. 힘든 자들이 많습니다. 그때 바나바가 나섭니다. 자신의 모든 소유를 팔아 그 돈을 그들을 위해 내어놓습니다. 믿음으로 살면 다른 사람을 세워주는 사랑이 반드시 나타나야 정상입니다.

우리에게도 그런 사랑의 모습이 작지만 나타납니다. 어느 집사님 한 분은 자신의 지역이 기도하는 요일에 나와서 셀 자녀들을 위해서 기도하였습니다. 그러다가 더 많은 자녀의 구원을 위해서 기도해야겠다고 결심을 하며 매일 새벽 헌신을 결심하였습니다. 사랑이 나타난 것입니다. 교육을 담당한 사역자들이 매주 아이들과 전화로 기도합니다. 진정 그들의 영혼 구원을 위해서 의무적으로 하는 것이 아닌 기쁘게 그 일을 위해 시간을 내고 헌신한다면 그것 또한 사랑의 모습입니다. 사랑은 감정으로 하는 것이 아닙니다. 믿음으로 하는 것입니다. 성도가 잘 되었습니까? 힘껏 축하해 주며 기뻐해야 합니다. 사람은 남이 잘 될 때 진정으로 축하해 주는 마음이 잘 없습니다. 믿는 자는 그런 자신을 보면서, 그런 나는 죽었어, 나는 주님의 몸으로 살아야 해! 그러면서 축하해 줍니다. 그것이 바로 사랑입니다.

제가 한 가지를 덧붙이고 지나갑니다. 오직 자신을 내어놓고 성도를 세워주기 위해서 산다면 나는 어떻게 세워질 것인가? 라는 생각이 들 수 있습니다. 거기에 대한 답이 마태복음 7장 12절입니다. **"남에게 대접을 받고자 하는 대로 남을 대접하라 이것이 율법이요 선지자니라"** 이 말은 상대방을 진정 세워주기 위해서 살면, 그렇게 사랑하면 주님이 너를 세워주신다는 말씀입니다. 이 구절을 황금률이라고 부릅니다. 절대 변하지 않습니다. 이 은혜가 있습니다. 믿음은 사랑으로 확인됨을 알아야 합니다.

둘째, 하나님이 행하신 일과 말씀은 성령을 통해서만 깨달아집니다.
바울은 하나님께 진정 감사하며 계속 기도합니다. 그의 기도의 내용이 18,

19절에 나옵니다. **"마음의 눈을 밝히사 그의 부르심의 소망이 무엇이며, 성도 안에서 그 기업의 영광의 풍성이 무엇이며 그의 힘의 위력으로 역사하심을 따라 믿는 우리에게 베푸신 능력의 지극히 크심이 어떠한 것을 너희로 알게 하시기를 구하노라"** '마음의 눈을 밝히사'는 우리식으로 마음으로 깨닫기를 원한다는 말입니다. 무엇을 깨닫기 원하는가? 세 가지입니다. 우리를 부르신 부르심의 소망, 우리가 얻은 천국의 영광 그리고 하나님이 우리에게 베푸신 큰 능력입니다.

여기서 깨닫는다는 말은 그들이 들어서 알고 있는 내용을 깨닫는다는 말입니다. 부르심의 소망, 천국의 영광, 하나님의 능력의 크심을 그들은 들어서 알고 있습니다. 그런데 그것을 지식이 아닌 마음에서 깨닫기를 원한다는 것입니다. 제가 여러분들에게 문제지를 돌립니다. 문제는 이러합니다. '믿는 자는 하늘에 속한 신령한 복을 받았습니까, 받지 못하였습니까? ○, ×로 답하세요.' 그럼 우리 모두는 동그라미를 할 것입니다. 그런데 내 마음에 '그래 나는 선택받았어, 나는 죽음의 문제를 해결했어, 하나님은 끝까지 나를 지켜주셔!'라는 무언가 내 심령에 굳건한 확신은 없지만, 그리고 그 말씀을 통하여 내 심령에 기쁨도 별로 일어나지 않지만, 나는 답을 맞춥니다. 누가 나에게 귀한 선물을 주어도 내 마음은 감사로 가득 차는데 그 복으로 인하여 감사와 감격이 별로 일어나지 않습니다. 까닭은 하나님이 나에게 행하신 일이 내 마음에서 깨달아지지 않았기 때문입니다. 하나님의 행하신 일을 지식으로 알고 있을 때, 그것은 나를 변화시키지 못합니다.

성경에서 마음은 그 사람의 생각, 감정, 의지가 있는 곳입니다. 깨닫는 것은 마음의 눈으로 보는 것이기에 마음에 변화가 일어납니다. 그렇기에 곧 생각과 감정과 의지에 변화가 일어납니다. 생각 감정 의지 이것을 지정의 또는 전인격이라고 부릅니다. 마음으로 깨달으면 전인격적 변화가 일어납니다. 장로님 한 분이 땅을 사서 거기에 교회를 지으려고 하였습니다. 막상 땅을 사고 나서 보니 욕심이 생겼습니다. 그래서 돼지를 그곳에서 길렀습니다. 그러다가 두 번 정도 돼지가 몰살당하였습니다. 그제야 장로님은 자신의 잘못을 깨닫고 그 땅을 바쳤습니다. 그러면서 히브리서 12장 8절이 마음에서 깨달아졌습니다. **"징계는 다 받는 것이거늘 너희에게 없으면 사생자요 친 아들이 아니니라."** 말씀이 깨달아지자 장로님에게 징계는 실재가 되었습니다. 그러자 하나님에 대한 두려운 감정이 생겼습니다. 하나님의 것은 손대지 말아야 한다는 결단을 합니다. 그리고 하나님 앞에서 정직하게 살려고 하였습니다. 의지에 변화가 일어난 것이지요. 마음으로 깨달으면 변화가 일어납니다.

그런데 어떻게 깨달을 수 있습니까? 17절로 가봅니다. **"우리 주 예수 그리스도의 하나님, 영광의 아버지께서 지혜와 계시의 영을 너희에게 주사 하나님을 알게 하시고"**, "하나님을 알게 하시고"를 정확히 번역하면, "하나님을 아는 지식 안에서"라는 말입니다. 그렇게 번역하여 17절을 읽으면 "하나님을 아는 지식 안에서 지혜와 계시의 영을 주사,"가 됩니다. 이어서 18절에 **너희 마음의 눈을 밝히사**라고 되어 있습니다. 우리를 깨닫게 하시는 일은 성령이 하시는 일임을 말씀하고 있습니다.

사람이 할 수 있는 일이 있고 하나님만이 할 수 있는 일이 계십니다. 바울이 신령한 복을 이야기하며, 하나님의 부르신 소망 등을 이야기하면서 바울은 성령께서 그들에게 역사하셔서 그것을 깨닫게 해 달라고 합니다. 바울은 신령한 복을 그들에게 가르칠 수 있어도 그것을 깨닫게 하시는 분은 오직 성령 하나님이심을 이야기합니다. 저는 설교를 여러분들에게 잘 전달이 되도록 하는 일을 해야 합니다. 그러나 아무리 전달해도 성령이 깨닫게 하지 않으면 우리에게는 어떤 역사도 일어나지 않습니다. 깨닫게 하는 일, 우리를 변화시키는 일은 오직 성령만이 하실 수 있습니다.

셋째, 오직 기도를 통하여 성령은 역사하십니다.

우리는 '그럼 내가 깨닫지 못하는 것은 내 책임이 아니네, 결국 내가 변화되지 못한 것도 내 책임이 아니네.'라고 할 수 있습니다. 결코 그렇게 변명할 수 없는 것은 주님은 구하라고 합니다. 바울도 지금 지혜와 계시의 영을 에베소 교회에 줄 것을 기도합니다. 제임스 휴스턴이란 자가 이렇게 말했습니다. "그리스도인이 된다는 것은 기도하는 사람이 되는 것이다." 예수님께서 육신으로 계실 때, 그분은 성령의 능력을 입기 위해서 새벽 미명에 기도하러 가셨습니다.

우리는 빈약한 믿음 생활, 바뀌지 않는 믿음 생활, 감격이 없는 믿음 생활을 청산할 수 있습니다. 한 번 시험해 보시기 바랍니다. 우리가 예배 15분 전에 나와서 기도로 준비하자고 하였습니다. 비록 짧은 시간이지만 그래도 간절하게 '주님, 성령을 주셔서 찬양의 가사가 깨달아지며, 말씀을 깨닫게 해 주시옵소서. 성령 가운데 예배하게 해 주소서'라고 기도해 보시기 바랍니다. 반드시 성령을 보내주셔서 깨닫게 하십니다. 내 생각과 감정과 의지에 역사가 일어납니다. 메마른 신앙생활이 아닌 부유한 신앙생활을 할 수 있습니다. 하나님은 성령을 우리에게 보냈습니다. 그렇기에 구하면 반드시 성령의 역사가 일어납니다. 이 은혜를 받으며 복된 믿음 생활을 하여야겠습니다.

07

보이지 않으나 보면서 살아야 할 것

07
보이지 않으나 보면서 살아야 할 것

에베소서 1:18~23

18 너희 마음의 눈을 밝히사 그의 부르심의 소망이 무엇이며 성도 안에서 그 기업의 영광의 풍성함이 무엇이며 19 그의 힘의 위력으로 역사하심을 따라 믿는 우리에게 베푸신 능력의 지극히 크심이 어떠한 것을 너희로 알게 하시기를 구하노라 20 그의 능력이 그리스도 안에서 역사하사 죽은 자들 가운데서 다시 살리시고 하늘에서 자기의 오른편에 앉히사 21 모든 통치와 권세와 능력과 주권과 이 세상뿐 아니라 오는 세상에 일컫는 모든 이름 위에 뛰어나게 하시고 22 또 만물을 그의 발 아래에 복종하게 하시고 그를 만물 위에 교회의 머리로 삼으셨느니라 23 교회는 그의 몸이니 만물 안에서 만물을 충만하게 하시는 이의 충만함이니라

하나님께서 노아에게 물로써 세상을 심판하겠다고 말씀하시면서 방주를 만들라고 하셨죠. 이때 노아의 나이는 오백 세였습니다. 노아는 살아온 세월 500년 동안 물이 세상을 덮은 것을 본적도 들은 적도 없습니다. 산 위에 방주

를 만드는 것도, 모든 종류의 동물들이 한 장소로 모이는 것을 들은 적도 없습니다. 노아 생전에 일상적인 홍수로 인해 사람들이 죽는 것을 경험한 적도 없습니다. 노아 홍수 후에 무지개가 생겼다고 하지 않습니까? 그전에 무지개가 없었다는 것이지요. 여기에 대하여는 많은 설명이 필요합니다만 분명한 것은 그 이전에는 홍수가 없었다는 말입니다. 노아는 홍수 자체를 본 적이 없습니다. 그런 노아에게 하나님이 하신 말씀은 이해되지도 않고 믿을 수도 없는 말씀입니다.

그러나 노아는 하나님의 말씀이 마음에서 깨달아졌습니다. 믿겨진 것이지요. 그러자 노아에게는 산 위까지 덮는 홍수가 보였습니다. 사람들은 산 위에서 배를 만드는 노아를 미친 사람이라고 하였지만 노아에게 홍수 심판은 분명한 것이었습니다. 노아에게 그 일은 가장 지혜로운 일이었습니다. 히브리서 11장 7절에서 이렇게 기록하고 있습니다. **"믿음으로 노아는 아직 보이지 않는 일에 경고하심을 받아 경외함으로 방주를 준비하여 그 집을 구원하였으니 이로 말미암아 세상을 정죄하고 믿음을 따르는 의의 상속자가 되었느니라."** 보이지 않지만 하나님의 말씀을 통하여 분명히 홍수가 있음을 보면서 준비하였고, 그것은 결국 세상 사람들과 자신의 운명을 가르는 것이 되었습니다.

오늘 본문은 보이지 않지만 우리에게 분명히 있는 세 가지를 말씀합니다. 오늘 이 세 가지가 깨달아지기를 원합니다. 그것이 있음을 믿고 살아가면 축복된 삶이 될 것입니다.

첫째, 우리에게는 부르심의 소망이 있습니다.

에베소서 1장 18절입니다. **"너희 마음의 눈을 밝히사 그의 부르심의 소망이 무엇이며"** 대통령이 개각을 할 때, 신문에는 여러 장관 후보자들에 대한 하마평이 뜹니다. 대통령은 그중에 자신의 소망을 이룰 수 있는 자를 발탁할 것입니다. 히브리서 3장 1절 성도들을 향하여 이렇게 말합니다. **"그러므로 함께 하늘의 부르심을 받은 거룩한 형제들아"** 이 말씀은 우리가 부르심을 받았음을 즉 하나님의 발탁을 받았음을 일러줍니다. 그렇다면 우리를 부르신 소망이 있지 않겠습니까?

그 소망이 무엇입니까? 불렀다는 말은 '우리를 하나님의 아들 삼았다.' '그의 기업이 되도록 하였다.' 등등으로도 표현할 수 있는데 에베소서 1장 6절에 우리를 부른 까닭이 나옵니다. **"이는 그가 사랑하시는 자 안에서 우리에게 거저 주시는 바 그의 은혜의 영광을 찬송하게 하려는 것이라."** 비슷한 내용이 11절, 12절에 나옵니다. 구절의 의미는 약간씩 다릅니다만 정리하면, 우리를 부른 하나님의 소망은 우리가 하나님의 영광을 찬송하는 것입니다.

하나님의 영광은 무엇을 뜻할까요? 영광은 하나님의 실체가 아닌 그의 본성, 속성 등이 나타나셨다는 말입니다. 하나님의 사랑, 하나님의 지혜, 하나님의 능력 등이 나타나면 그곳에 하나님의 영광이 나타난 것입니다. 홍해가 하나님의 능력으로 갈라졌습니다. 물이 갈라진 그 사건에는 하나님의 영광이 나타난 것이지요. 모세가 양을 치다 떨기나무 가운데서 하나님의 음성을 듣습니다. 하나님의 영광이 나타난 것이지요. 그러나 이 땅에 나타난 분명한 하나님의 영광이 있습니다. 예수님께서 요한복음 10장 30절에서 이렇게 밝힙니다. **"나와 아버지는 하나이니라 하신대"** 예수님을 본 자는 하나님을 본 것입니다. 예수 그리스도는 온전한 하나님의 영광입니다. 하나님의 영광을 찬송한다는 말은 결국 예수 그리스도를 높인다는 말씀입니다.

 하나님께서는 이 소망을 이루기 위해 우리를 불렀습니다. 이것이 내 마음에서 깨달아집니다. 그럼 우리의 소망은 오직 예수 그리스도를 높이는 것이 될 것입니다. 그럼 우리가 어떻게 살겠습니까? 한 번 곰곰이 생각을 해 봅니다. 그럼 모든 일을 주님처럼 하려고 하겠지요. 자식이 나를 가장 높이는 경우는 어떤 경우입니까? 나, 아버지 같은 아버지 될래! 가 아니겠습니까? 오래전, 제자반을 시작하면서 수업에 들어온 동기를 물었을 때, 어느 한 분이 저를 닮고 싶어서 제자반에 들어왔다고 하였습니다. 그 분은 저를 가장 높인 것이지요. 그렇듯이 예수 그리스도를 높이려는 소망을 가지면 예수 그리스도로 살려고 할 것입니다.

 또한 어떻게든 예수 그리스도를 전하려고 할 것입니다. 복음 증거는 예수가 구원자요 주이심을 전하는 것 아닙니까? 그렇게 전하는 것은 무엇을 하고 있는 것이 됩니까? 요한계시록에 보면 천국에 간 하나님의 백성들이 하는 일이 나옵니다. 계시록 7장 10절입니다. **"큰 소리로 외쳐 이르되 구원하심이 보좌에 앉으신 우리 하나님과 어린 양에게 있도다."** 하나님을 찬양합니다. 그런데 찬양의 내용이 무엇입니까? '예수 그리스도는 구원자이시다!'입니다. 전도의 현장에서 '예수 믿어야 구원 받아!'라고 말을 하는 것은 하나님의 영광을 찬양하는 셈입니다. 그래서 전도는 예수를 높이는 일이며 하나님의 영광을 찬송하는 일입니다.

기도 또한 하나님의 영광을 찬양하는 것입니다. 기도는 오직 하나님과 주님만이 이 모든 문제를 해결할 수 있음을 고백하는 시간입니다. 그렇기에 예수를 높이는 일이지요. 힘든 상황 속에서도 우리가 주님의 도우심을 입기 위해 나갈 때, 나는 부르심의 소망을 붙잡고 살아가는 자입니다. 또한 모든 상황 속에서도 예수께서 내 주가 되어 내 삶을 인도해 주실 줄을 믿고 감사하면 그것 또한 예수 그리스도를 높이는 것이지요. 우리의 소망은 오직 하나님의 영광을 찬양하는 일, 곧 예수 그리스도를 높이는 일입니다. 직장을 다니는 까닭도, 사업을 하는 까닭도, 공부를 하는 목적도 그것을 위해 합니다. 우리에게 있는 부르심의 소망을 이 시간 볼 수 있기를 축복합니다.

둘째, 성도에게는 영광이 있습니다.
18절입니다. **"성도 안에서 그 기업의 영광의 풍성이 무엇이며"** '그 기업'은 그의 기업, 즉 '하나님의 기업'이란 말입니다. 이 말은 에베소 1장 12절에 나왔습니다. 하나님께서 자신의 아들을 내주고 얻은 것이 있습니다. 누구입니까? 바로 우리입니다. '그의 기업'은 믿는 자를 말합니다. 믿는 자에게는 영광이 있습니다.

우리는 성도를 그 성도의 성품, 행동 등등 눈에 보이는 것으로 판단합니다. 그러나 하나님은 눈에 보이는 대로 우리를 판단하지 않습니다. 지난번 우리가 배웠습니다. 하나님께서는 잠잠히 우리를 사랑하신다고 말입니다. 이것을 이해하는 것은 어렵지 않습니다. 할아버지가 되면 손주를 보기만 해도 기쁨이 넘친다고 합니다. 어떤 분은 손주가 태어나면서 폰의 사진이 전부 손주 사진으로 바뀌었다고 합니다. 만약에 그 사람에게 증손주가 태어나면 어떨까요? 영원하신 하나님께서 나를 잠잠히 사랑한다는 것은 보이는 나를 보는 것이 아닙니다. 자신의 아들 된 나를 보기 때문입니다.

　성도는 하나님의 택함 받아 하나님의 아들이 된 자요, 죄 사함 받아 거룩한 자가 되었습니다. 무엇보다 자신은 없고 오직 주님만이 있는 자입니다. 천국 백성이 되었습니다. 존귀한 자가 되었습니다. 어떤 분은 성도를 보면서 '자신이 대접 받을 행동을 해야 대접해 주지'라고 합니다. 성도에게 있는 영광을 보지 못한 것이지요. 우리가 잘 아는 다윗, 그는 자신을 죽이기 위해 쫓아오는 사울이 자신이 숨어 있는 굴에서 용변을 볼 때, 그를 죽일 수 있는 좋은 기회임에도 하나님이 세운 종을 내가 어떻게 마음대로 할 수 있느냐 손대지 않습니다. 그는 사울에게 주신 하나님의 영광을 본 것이지요. 많은 성도들은 주의 말씀을 전하는 종들을 '주의 사자'라고 인정하며 잘해 주려고 합니다. 말씀 전하는 종에게 주신 영광을 본 것이지요. 마찬가지입니다. 모든 성도들은 하나님의 아들이요 거룩한 자요, 주님의 몸이 되었기에 영광스러운 자입니다. 이것을 알면 어떻게 성도들에 대하여 함부로 할 수 있겠습니까? 성도에게는 하나님이 주신 영광이 있습니다.

"형제의 모습 속에 보이는 하나님 형상 아름다워라

존귀한 주의 자녀 됐으니 사랑하며 섬기리."

셋째, 우리에게 하나님은 크신 능력을 베풀었습니다.

19절입니다. **"그의 힘의 위력으로 역사하심을 따라 믿는 우리에게 베푸신 능력의 지극히 크심이 어떠한 것을 너희로 알게 하시기를 구하노라"** 먼저 하나님께서는 예수님에게 어떤 능력을 베풀었는지 설명합니다. 하나님께서는 예수님을 죽은 자 가운데서 살리셨습니다. 세상의 어떤 능력도 죽은 자를 살리지 못합니다. 나아가서 예수님을 승천시키시어 그의 오른편에 앉히셨습니다. 하나님의 아들이 되도록 하였다는 것입니다. 20절입니다. **"그의 능력이 그리스도 안에서 역사하사 죽은 자들 가운데서 다시 살리시고 하늘에서 자기의 오른편에 앉히사"** 21절을 봅니다. **"모든 통치와 권세와 능력과 주권과 이 세상뿐 아니라 오는 세상에 일컫는 모든 이름 위에 뛰어나게 하시고"** 모든 이름 위에 뛰어나게 하셨다는 말은 관용어입니다. 그분은 하나님이시라는 표현입니다. 하나님께서 예수 그리스도를 만물을 다스리는 주 하나님으로 삼으셨다는 것이지요.

이어서 나오는 22, 23절은 교회는 예수 그리스도의 몸이라는 설명입니다. 우리가 곧 교회입니다. 교회가 예수 그리스도의 몸이라면 그럼 예수님에게 베푸신 하나님의 그 능력은 누구에게도 행하였다는 것입니까? 우리에게도 행하였다는 말입니다. 그렇습니다. 우리는 이 땅에 태어날 때 하나님을 전혀 모르는 영적으로 죽은 자입니다. 그런데 하나님은 우리에게 성령을 주셔서 우리로 하여금 예수를 믿게 하였습니다. 우리를 죽음에서 살리신 것입니다. 예수님을 하늘에 올리시어 그의 아들 삼으셨듯이 우리 또한 마찬가지입니다. 에베소서 2장 6절입니다. **"또 함께 일으키사 그리스도 예수 안에서 함**

께 하늘에 앉히시니" 우리로 하여금 하나님의 아들 이 되게 하였습니다. 그리고 베드로전서 2장 9절에 **"너희는 택하신 족속이요 왕 같은 제사장들이요"** 우리 주님을 만물의 왕으로 삼으셨듯이 우리 또한 왕 같은 자로 세우셨습니다. 그래서 우리가 땅에서 매면 하늘에서도 매이며 땅에서 풀면 하늘에서도 풀립니다. 우리가 기도할 때, 그곳에는 기적이 일어납니다. 하나님은 우리에게 모든 능력보다 뛰어난 능력을 우리에게 베푸셨습니다. 그리고 우리가 육체로 죽으면 주님이 오실 때, 우리를 죽음 가운데서 일으켜 주님이 계신 곳으로 끌어 올려 주님과 함께 영원토록 왕 노릇 하며 살도록 하십니다.

실감이 나십니까? 개미가 있습니다. 그런데 죽었습니다. 그 죽은 개미를 살리고, 살린 그 개미를 나와 같은 사람으로 만들어 나와 교제하며 그렇게 살아가도록 하고 싶습니다. 이것이 가능한 이야기입니까? 그런데 하나님은 우리를 그렇게 하셨습니다. 하나님께서는 천지를 창조하신 능력, 죽은 자를 살리는 능력을 나에게 베푸셨습니다. 나에게 베푸신 지극히 뛰어난 이 능력을 보시기를 바랍니다. 그럼 우리는 어떤 환난 가운데 있을지라도 하나님께서 반드시 능력을 베풀어 주실 것을 확신하며 살아갈 수가 있습니다.

오늘 이 아침, 우리에게 있는 하나님의 부르심의 소망을 볼 수 있기를 축복합니다. 성도에게 있는 하나님의 영광을 볼 수 있기를 축복합니다. 우리에게 베푸신 지극히 뛰어난 하나님의 능력을 볼 수 있기를 축복합니다. 그리하여 부르신 소망대로, 성도의 영광과 나에게 임한 하나님의 능력을 보면서 살아가는 은혜가 있기를 축복합니다.

08

사람을 이기려 하지 말고 마귀를 이겨라

08
사람을 이기려 하지 말고 마귀를 이겨라

에베소서 2:1-3

1 그는 허물과 죄로 죽었던 너희를 살리셨도다 2 그 때에 너희는 그 가운데서 행하여 이 세상 풍조를 따르고 공중의 권세 잡은 자를 따랐으니 곧 지금 불순종의 아들들 가운데서 역사하는 영이라 3 전에는 우리도 다 그 가운데서 우리 육체의 욕심을 따라 지내며 육체와 마음의 원하는 것을 하여 다른 이들과 같이 본질상 진노의 자녀이었더니

전 축구 국가대표였던 유상철 선수가 췌장암으로 죽었습니다. 유능한 선수며 감독이었던 사람, 그것도 젊은 나이에 죽었기에 많은 사람들이 안타까워 하였습니다. 췌장암은 사람들이 가장 두려워하는 암입니다. 사망률이 높기 때문이지요. 한 달 전, 연세 드신 목사님들을 만날 수 있는 기회가 있었습니다. 백신 이야기가 주 화제였습니다. 목사님들 중에서는 백신 접종 해당자임에도 백신을 맞지 않는 분이 계셨습니다. '잘못되면 어떻게 하나'라는 죽음에 대한 두려움 때문이지요.

예수가 나의 주이심을 깨달았을 때, 육신적 죽음보다 더 무서운 것이 있음을 깨달았습니다. 영적 죽음입니다. 영적 죽음이란 나무가 생명의 근원이 되는 땅에서 뿌리째 뽑힌 것과 마찬가지로 하나님으로부터 떨어진, 하나님과 관계없는 상태를 일컫는 말입니다. 육적인 죽음은 세상 사람들이 하는 말로 표현하면 그냥 없어지는 것입니다. 그럼 끝입니다. 그러나 영적 죽음은 그렇지 않습니다. 마태복음 10장 28절을 보면, **"몸은 죽여도 영혼은 능히 죽이지 못하는 자들을 두려워하지 말고 오직 몸과 영혼을 능히 지옥에 멸하실 수 있는 이를 두려워하라"** 영적 죽음의 결과는 몸과 영혼이 영영토록 지옥의 고통을 당하는 것입니다. 그것보다 더 불행하며 저주스러운 일이 없습니다.

영적 죽음을 가진 자들에게 나타나는 모습이 있습니다. 죽었다는 말은 시체가 되었다는 말입니다. 저항을 못합니다. 죽은 물고기는 허연 배를 드러내면서 물결대로 움직입니다. 영적으로 죽은 자는 죄에 저항을 못합니다. 죄에 끌려 살아갑니다. 죄에 끌려 살아가는 구체적인 모습을 본문에서는 세 가지로 설명합니다.

첫째. 세상 풍조를 따라 살아갑니다.

2절을 보면 **"그 때에 너희는 그 가운데서 행하여 이 세상 풍조를 따르고"**라고 합니다. 영적으로 죽은 자는 이 세상 풍조를 따릅니다. 세상 풍조를 따른다는 것은 하나님을 관심에 두지 않고 살아간다는 말입니다. 여기서 풍조라는 단어는 원문에는 '세대'라고 되어 있습니다. 586세대, 밀레니엄 세대라고 부를 때 그 세대입니다. 성경이 이 세대라고 말할 때 그 의미는 누가복음 17장 25

절에 잘 나타나 있습니다. **"그러나 그가 먼저 많은 고난을 받으며 이 세대에게 버린 바 되어야 할지니라"** 주님께서 이 세대에게 버린 바 된다고 말을 합니다. 그러면서 누가복음 17장 27절에서 이 세대가 어떤지에 대해서 말합니다. **"노아가 방주에 들어가던 날까지 사람들이 먹고 마시며 장가들고 시집가더니 홍수가 나서 그들을 다 멸망시켰으며"** 이 세대란 노아의 때와 같이 먹고 마시며 장가들고 시집가는 것이라고 합니다. 무슨 말씀입니까? 하나님의 일에는 관심이 없다는 것입니다. 하나님의 일은 내가 하는 일의 종류를 말함이 아닙니다. 직장생활도 하나님의 일이 될 수 있습니다. 하나님의 일이 되려면 하나님이 왜 나에게 이 직장을 주셨을까? 하나님의 목적, 하나님의 뜻을 이루기 위하여 직장을 다니는 것입니다. 그런데 그런 생각은 전혀 없습니다. 세상 사람들처럼 사업을 넓히고 많은 소득을 올리고 이 땅에서 번창을 꿈꿉니다. 하나님을 전혀 관심에 두지 않고 살아갑니다. 이것이 세상의 풍조이지요.

둘째, 공중의 권세 잡은 자를 따릅니다.

"공중의 권세 잡은 이"는 다름 아닌 마귀입니다. 마귀를 따르는 자는 어떻게 살아갑니까? **"지금 불순종의 아들 가운데 역사하는 영이라"**고 합니다. 이 말은 히브리식 표현입니다. '불순종이 몸에 밴 자들' 이란 뜻입니다. 영적으로 죽은 자는 하나님의 말씀을 따르지 않습니다. 다 자기 생각, 자기 견해대로 살아갑니다. 자기가 기준이 되어 살아갑니다.

금번 야당 대표 후보 선거전에서 서로를 공격할 때, 어느 한 후보가 이런 말을 했습니다. 누가 나를 건드리지 않으면 나도 건드리지 않는다. 그러나 나를 공격하면 나는 두 배로 갚아 줄 것이라고 말입니다. 사람들은 그 말을 들으면서 "그래 자신을 공격하면 당연히 공격할 수 있지 않느냐?" 라고 수긍합니다. 그와 비슷한 말을 누가 했느냐 하면, 가인의 후손 중에서 라멕이 있습니다. 창세기 4장 23절입니다. **"...나의 상처로 말미암아 내가 사람을 죽였고, 나의 상함으로 말미암아 소년을 죽였도다."** 누가 나에게 상처를 입히면 나는 그를 죽도록 두들겨 패주었다는 말입니다. 영적으로 죽은 자의 모습입니다. 오른뺨을 때릴 때 왼뺨을 돌려대라고 하신 주님의 말씀을 생각하면 그렇게 하지 못합니다.

셋째, 육체의 욕심을 따라 삽니다.

갈라디아서 5장 19절을 보면, '육신의 일은 분명하니' 라면서 음행과 더러운 것과 분쟁과 시기와 분 냄과 다툼과 분열함과 당 짓는 것과 투기와 술 취함이 있습니다. 물욕 출세욕도 있습니다. 마음에 분이 나면 분을 냅니다. 억울함이 있으면 그 억울한 감정을 붙들고 삽니다. 자기감정, 마음을 붙잡고 살아갑니다. 그런 마음이 일 때, "나는 주님의 마음으로 살아야 해!"라는 사람이 없습니다. 영적으로 죽었기 때문입니다. 그래서 육체의 욕심을 따라 살아갑니다.

하나님께서 우리에게 은혜를 베푸사 영적으로 죽었던 우리들을 살리셨습니다. 그런데 여전히 영적으로 죽은 자처럼 살아가는 모습이 보입니다. 그렇게 살아가는 것은 죄 가운데 있는 것인데 그것을 깨닫지 못하고 살아갑니다. 라멕과 같은 말을 스스럼없이 하는 성도들도 있습니다. "그 사람 앞으로 한 번만 나에게 더 그렇게 해 봐라! 내가 가만히 있나!" 믿지 않는 사람들 중에 이런 말을 하시는 분들이 있습니다. "세상 사람들은 서로 다투면 술 한 잔 하고 화해를 하는데 믿는 사람들은 절대 그 마음을 풀지 않더라." 또 어떤 말을 합니까? "믿는 자가 더 하더라." 더 욕심스럽고 더 탐욕스럽더라는 것이지요. 언젠가 사업을 하시는 분이 저에게 이런 말을 하였습니다. "예수 믿는 자는 말만 많고 불평만 하더라." 그런 그리스도인은 세상에 둥둥 떠내려가는 그야말로 영적으로 죽은 자의 모습입니다.

살아 있는 물고기는 떠내려가지 않고 물을 거슬러 갑니다. 우리가 영적으로 살았다면 어떻게든 세상을 따라가지 않으려고, 육신의 욕심을 따르지 않으려고, 죄 가운데 있지 않으려고 애써야 합니다. 이 일을 위해서 오늘 우리는 두 가지 사실을 깨달아야 합니다.

먼저, 마귀가 우리를 죄 가운데 살도록 하는 원흉임을 깨달아야 합니다.
우리는 사람의 말 한마디, 행동 하나에 섭섭할 때가 많습니다. 그렇게 섭섭한 마음이 들면 그와 말을 하기 싫습니다. 눈도 마주치기 싫습니다. 그리고 섭섭한 마음을 풀기도 싫습니다. 그래서 섭섭한 마음을 붙잡고 살아갑니다. 사랑하라고 주님이 말씀하시건만 나는 불순종하고 있는 것이지요. 오늘 본문을 보면 그것은 공중의 권세 잡은 이, 곧 마귀를 따라가는 일이라고 합니다. 무슨 말입니까? 마귀가 우리로 하여금 그렇게 섭섭함을 풀지 않고 살도록 만든다는 것입니다. 사람의 말 한마디 행동 하나에 분노하며 다툼이 내 안에서 일어날 때, 우리는 그 사람을 보지 않고 마귀를 보아야 합니다. 환경으로 인하여 내 안에 주를 향한 게으름이 일어날 때, 우리는 환경을 보지 말고 마귀를 보아야 합니다.

　요한계시록에 가면 일곱 교회에 보내는 편지가 나옵니다. 우리에게 가장 익숙한 한 교회만 예를 듭니다. 바로 에베소 교회입니다. 그 교회를 꾸짖는데 첫사랑이 없어졌다는 것이지요. 이 말은 처음 예수 믿었을 때는 자신들을 위해 생명을 내어주신 주님의 사랑으로 감격하였습니다. 그러나 세월이 지나면서 십자가 사랑에 대한 감격이 없습니다. 주님은 그것을 회개하라고 합니다. 여러분들이여, 내 안에 주님의 십자가로 인한 구원의 감격이 일어나게 해달라고 기도해야 합니다. 무덤덤한 상태로 예수 믿는 것, 그것은 죄입니다. 그 상태가 얼마나 무서우냐 하면, 주님은 그런 교회는 옮겨버린다고 합니다. 그것은 교회가 아니라는 것이지요. 여러분들이여, 구원의 감격이 회복되어지는 은혜가 있기를 축복합니다. 어떻게 하면 됩니까? 내가 왜 그렇게 되었는지 확인하고 회개하라고 합니다. 그런 다음 계시록 2장 7절을 가면 이런 말씀을 하십니다. **"이기는 그에게는 내가 하나님의 낙원에 있는 생명나무의 열매를 주어 먹게 하리라"** 회개하는 것을 이기는 것이라고 합니다. 다름 아닌 궁극적으로 그렇게 구원의 감격을 식은 채로 살게 한 것은 마귀라는 것입니다. 회개하는 것은 결국 마귀를 이기는 것이라는 말입니다.

　그렇습니다. 내 안에 환경이나 사람으로 인하여 불평과 불만이 차오를 때, 사람을 보지 마세요. 마귀가 그것을 바란다는 것을 보셔야 합니다. 그것을 보게 되면, 우리는 "내가 왜 마귀가 좋아하는 일을 하냐?"라며 뛰쳐나오게 됩니다. 사람을 이기려고 하지 말고 마귀를 이겨야 합니다.

또 하나는 나로 인해 상대방이 죄짓지 않도록 조심해야 합니다.

사실 우리는 연약합니다. 조심해도 상대방을 섭섭하게 하는 말, 분노하게 하는 말, 염려하게 하는 말 등을 얼마나 쏟아내는지 모릅니다. 나도 죄 가운데 있어서 안 되지만 상대방도 그곳에 있도록 해서는 안 됩니다. 어느 목사님께서 청년 집회 때 설문조사를 하였습니다. 당신들을 고통스럽게 하고 화나게 하는 것이 무엇이었습니까? 청년들 63%가 부모님이라고 대답했다고 합니다.

부모들이 자녀들로 하여금 죄 가운데 살게 할 수 있습니다. 어느 한 청년이 집회 때 간증한 내용을 읽어보았습니다. 아빠가 연구원이었는데 그 직업을 포기하고 어느 한 분과 사업을 시작했습니다. 동기는 하나였습니다. 돈을 많이 벌기 위해서입니다. 돈을 버는 까닭도 분명했습니다. 자신의 사랑하는 세 딸에게 조금이라도 잘해주기 위해서였습니다. 그런데 사업이 녹록지 않았습니다. 더군다나 아빠에게 동업을 제안했던 사람은 아빠를 자꾸 주님과 멀어지게 하고 세상을 따라 살게 하였습니다. 중요한 약속을 주일에 잡아서 주일 성수를 방해하는가 하면, 남을 속여 돈을 벌자며 부추기기도 하였습니다. 그런 가운데 그 청년이 부흥집회에 참석하였습니다. 하나님이 그에게 은혜를 주셨습니다. 그의 입에서는 그도 감당하기 힘든 기도가 나왔습니다. "주님, 돈 없어도 좋아요. 우리 가난해도 좋아요. 우리 아빠 주님 잘 믿게 해 주세요." 여러분들이여, 자녀를 위해서라도 예수를 잘 믿으셔야 합니다. 자녀로 하여금 세상 방식을 가르치며, 불순종을 가르치는 부모라면 어떻게 부모라고 할 수 있겠습니까? 자녀를 영적 죽음의 길로 인도하는 부모가 어떻게 부모라고 할 수 있겠습니까?

　세상과 마귀는 우리를 자꾸만 죄 가운데 살게 하여 영적 죽음 가운데 살도록 만듭니다. 우리의 전쟁은 사람이 아닙니다. 내 안에 육체의 욕심이 일어날 때, 마귀가 나로 하여금 죄의 종이 되도록 그렇게 역사함을 보아야 합니다. 오늘 우리에게 이 영적 안목이 열려서 돌아가기를 바랍니다. 그럼 우리가 세상과 육체의 욕심에 끌려가지 않습니다. 오늘 이 시간 우리 모두 영적 전쟁의 병사로서 다시 한번 힘을 얻어 일어서기를 바랍니다.

09
은혜 안에서 사십시다

09
은혜 안에서 사십시다

에베소서 2:4-8

4 긍휼이 풍성하신 하나님이 우리를 사랑하신 그 큰 사랑을 인하여 5 허물로 죽은 우리를 그리스도와 함께 살리셨고 (너희는 은혜로 구원을 받은 것이라) 6) 또 함께 일으키사 그리스도 예수 안에서 함께 하늘에 앉히시니 7 이는 그리스도 예수 안에서 우리에게 자비하심으로써 그 은혜의 지극히 풍성함을 오는 여러 세대에 나타내려 하심이라 8 너희는 그 은혜에 의하여 믿음으로 말미암아 구원을 받았으니 이것은 너희에게서 난 것이 아니요 하나님의 선물이라

과거 제가 부교역자로 있던 교회의 당회실은 좁은 통로를 지나서 들어가야 했습니다. 그런데 통로가 습기 진 곳도 아닌데 마치 곰팡이가 많이 핀 습기 찬 곳의 냄새가 늘 났습니다. 어느 날 청소를 하다 냄새의 원인을 찾았습니다. 그 통로에는 장롱이 하나 있었습니다. 철야하시는 분들의 이부자리가 들어 있었던 것 같아요. 장롱 밑을 보는데 쥐 한 마리가 죽어 있는 것이었습

니다. '아, 저 놈이었구나!' 눈 딱 감고 빗자루를 넣어서 쓸어오는데 무게감이 전혀 없습니다. 그야말로 깃털처럼 가벼웠습니다. 이미 살은 다 썩어 없어졌고, 털만 형체대로 그대로 남아 있었던 것입니다. 그렇듯이 영적으로 죽은 자에게도 죽은 자의 냄새가 납니다. 세상 풍조를 따르며 자기를 사랑하며, 자기 힘을 붙잡고 사는 그 모습이 죽은 냄새입니다.

하나님께서 영적으로 죽은 우리를 어떻게 다시 살리셨습니까? 하나님께서는 예수 그리스도를 사람의 대표자로 이 땅에 보내셔서, 우리를 대신해 죽게 하시고, 죽은 예수를 다시 살리시어 하늘에 오르게 하사 하늘에 앉히셨습니다. 하늘에 앉히셨다는 것은 하나님의 아들이 되도록 하셨다는 말입니다. 그렇기에 우리가 예수를 나의 주로 받아들이면, 예수는 우리 안에 있고, 동시에 우리 또한 예수 안에 들어가는 것입니다. 예수와 연합이 됩니다. 그러므로 예수님에게 일어난 일은 우리의 일이 됩니다. 에베소서 2장 5절에서 6절입니다. **"허물로 죽은 우리를 그리스도와 함께 살리셨고(너희는 은혜로 구원을 받은 것이라) 또 함께 일으키사 그리스도 예수 안에서 함께 하늘에 앉히시니"** 예수를 믿을 때, 우리는 예수와 함께 죽고, 다시 살아나며, 하나님의 자녀가 됩니다. 하나님이 우리를 살리시는 방법은 예수와 연합하도록 한 것입니다.

그럼 하나님께서 우리가 예수와 연합하도록 예수 그리스도를 보내주셨는데 그 동기가 무엇인가? 오늘 본문은 거기에 대하여 답을 줍니다. 까닭은 하나님은 긍휼과 사랑이 너무 크신 분이어서 그렇다는 것입니다. 4절입니다. **"긍휼이 풍성하신 하나님이 우리를 사랑하신 그 큰 사랑을 인하여"** 그러면서 하나님의 긍휼과 사랑이 얼마나 큰 지를 설명합니다.

먼저 '긍휼'은 '불행을 당한 사람들에 대하여 가지는 동정심 또는 불쌍히 여기는 마음'입니다. 하나님의 긍휼을 4절에서 **'긍휼에 풍성하신'**이라고 표현합니다. 풍성하다는 말은 충만하다는 뜻입니다. 욕조에 물이 충만하다는 것은 물이 욕조 끝까지 채워져서 찰랑거리는 것을 말합니다. 하나님은 동정심이 많으신데 머리에서 발끝까지 가득 채워져 있습니다.

그런데 '충만'이라는 단어로도 부족해서 한 단어를 더 사용합니다. 7절을 봅니다. **"이는 그리스도 예수 안에서 우리에게 자비하심으로써 그 은혜의 지극히 풍성함을 오는 여러 세대에 나타내려 하심이니라."** 은혜는 긍휼함에서 온 것입니다. 그 은혜의 지극히 풍성하다는 말은 긍휼함이 지극히 풍성하다는 말과 같습니다. 충만하다는 말에 '지극히'라는 말을 덧붙였습니다. "지극히"는 '뛰어넘은' 이란 말입니다. 한마디로 넘쳐나는 것이지요. 예를 들면, 2011년 3월 11일 동일본 대지진시 후쿠시마에 쓰나미가 일어나지 않았습니까? 그때 후쿠시마 어느 한 지역의 영상이 세계에 소개되었습니다. 그 지역 해안에는 물이 넘쳐 마을로 들어오지 못하도록 담을 쌓아 놓았습니다. 쓰나미가 몰려오면서 물이 담의 끝까지 차오릅니다. 충만한 상태입니다. 그런데 담 끝까지 차오른 물이 순식간에 흘러넘칩니다. 조금 흘러넘치는 것이 아니라 담을 훌쩍 넘어 물이 쏟아졌습니다. 그 물이 마을을 덮치면서 건물을 붕괴시키고 모든 것을 떠내려 보냅니다. '지극히 긍휼에 풍성하다'는 것은 동정심이 머리 끝까지 차 있을 뿐 아니라 '쏟아 붓는다'는 말입니다.

하나님의 사랑도 마찬가지입니다. 4절에 **'그 큰 사랑'**이라고 표현하고 있는데 '지극히 풍성한 사랑'의 다른 표현입니다. 사랑은 자신을 희생해서 다른 사람을 세우는 것, 다른 사람이 잘 되는 것을 말합니다. 이런 사랑을 우리의 삶에서 찾으려면 자신을 희생하면서 자식이 잘 되기를 바라는 부모 사랑입니다. 하나님은 머리에서 발끝까지 그런 사랑으로 쏟아 부어주십니다.

그렇기에 하나님께서 불쌍한 사람들을 보면 당연히 어떻게 합니까? 호의를 베풉니다. 이 호의를 은혜라고 합니다. 그 사람은 받을 자격이 없는데 하나님께서 긍휼과 사랑을 부어서 그를 세워주려고 주신 것입니다. 이런 모습이 사람들에게도 부분적으로 나타납니다. 언젠가 지하철에서 나이 드신 분이 떨어졌습니다. 열차가 얼마 있지 않으면 승강장에 도착할 시간인데, 다급합니다. 이때 한 청년이 뛰어 내려갑니다. 그래서 그 사람을 급히 일으켜서 철로와 승강기 사이에 있는 대피 공간으로 피신해서 살아날 수 있었습니다. 떨어진 사람은 은혜를 입은 것이지요. 그 은혜는 그 사람의 동정심과 사랑에서 나온 것이지요. 해외 토픽란에 어느 말쑥한 신사가 기차역으로 가다가 추운 날 나이 든 노숙자를 보게 됩니다. 일면식도 없는 그에게 가서 그의 양말, 그의 바지, 그의 코트를 다 벗어 줍니다. 그는 마침 여행을 가려는 사람이어서 여벌의 옷이 있었습니다. 노숙자는 그 사람으로부터 은혜를 받은 것이지요. 그 은혜는 그 여행자의 긍휼과 사랑에서 나온 것이지요..

하나님에게 있는 긍휼과 사랑이 얼마나 큰지 그의 은혜를 보면 아는데 그 은혜는 자신의 아들 예수 그리스도를 우리를 대신해서 지옥 형벌로 죽게 하고 우리를 살린 것입니다. 이게 무슨 이야기입니까? 한 번 생각해 보세요. 시퍼런 칼을 들고 강도가 침입해서 난동을 부리다가 자신의 아내를 죽입니다. 결국 잡혀서 감옥살이를 합니다. 감옥살이하는 강도를 아버지가 봅니다. 아버지가 긍휼이 많습니다. 사랑이 많습니다. 너무 불쌍합니다. 그를 다시 사회로 복귀시키고 싶습니다. 그래서 아버지는 그 강도가 그렇게 한 것이 아니라 자신의 아들이 그렇게 하였다고, 자신의 아들이 진짜 범인이라고 이야기하며, 죄 없는 자신의 아들에게 죄를 뒤집어 씌워서 감옥에 보내고 그를 무죄 석방시킵니다. 사건의 전말을 알고 있는 사람들은 그 아버지를 어떻게 평가할까요? "아! 저분은 정말 긍휼과 사랑이 많구나!" 이렇게 판단할까요? 우리라면 어떻게 평가할 것 같습니까? 그것은 제 정신을 가진 아버지로서는 할 수 없는 일입니다. 거칠게 표현하자면 미친 아버지입니다. 하나님의 긍휼과 사랑이 그렇게 나타난 것입니다. 자신을 없애려고 작정하며 덤벼든 사람을 살리기 위해서 그들의 죄를 대신할 자신의 아들을 보내서 그들을 대신해서 죽게 만들어 그들을 살렸습니다. 우리에게 베푸신 하나님의 긍휼과 사랑은 제 정신이 아닌 것입니다. 이러한 긍휼과 사랑으로 인해서 우리가 구원을 받은 것입니다.

이 사실을 통하여 우리는 세 가지를 깨닫습니다.

첫째, 우리는 늘 겸손해야 합니다.

7절입니다. **"이는 그리스도 예수 안에서 우리에게 자비하심으로써 그 은혜의 지극히 풍성함을 오는 여러 세대에 나타내려 하심이니라"** 7절을 설명하면,

하나님은 나의 구원을 통하여 하나님의 은혜의 풍성함을 드러내려고 한다는 것입니다. 성격이 좋지 않은 남편과 사는 아내가 있습니다. 그런데 아내가 남편을 잘 맞춰주며 살아갑니다. 그럼 사람들은 뭐라고 합니까? 그 아내 참 성격도 좋지, 어떻게 그런 남편하고 살아? 나 같으면 못 살아! 남편의 성격이 괴팍할수록 아내는 좋은 아내로 소문이 납니다. 바로 그것입니다. 하나님께서 나를 통해 하나님이 얼마나 은혜로우신지 드러내기 위하여 나를 구원했다면, 나는 사람들 중에 유난히 못난 사람이라는 말입니다. 그야말로 구원 받을 수 있는 자격과 조건이 전혀 없는, 아무것도 자랑할 것이 없는 사람이라는 말입니다. 우리는 하나님의 긍휼과 사랑을 가지고 설명하지 않고는 어떤 구원 받을 만한 자격이 없는 사람들이라는 말입니다. 그렇기에 구원은 전적으로 하나님이 준 선물이며, 나에게는 어떤 자랑거리도 없다는 것을 지적합니다. 9절입니다. **"행위에서 난 것이 아니니 이는 누구든지 자랑하지 못하게 하려 함이라."** 여러분들이여, 우리에게는 어떤 자랑거리도 없음을 알아야 합니다. 하나님의 긍휼과 사랑은 결국 우리를 겸손하게 만듭니다.

"죽으신 구주 밖에는 자랑치 말게 하소서"
"보혈의 공로 힘입어 교만한 마음 버리네"

둘째, 우리는 모든 상황 속에서 기도로 은혜를 받을 수 있습니다.

주님께서 나를 구원하심으로 주님의 긍휼과 사랑을 오는 세대에 나타내려 하신다는 말씀은, 하나님은 우리에게 베푸시는 긍휼과 사랑을 결단코 거두지 않는다는 말씀입니다. 다윗이 이 사실을 알고 고백합니다.

"내 평생에 하나님의 선하심과 인자하심이 반드시 나를 따르리니"

　하나님의 긍휼과 사랑이 나를 떠나지 않기에 모든 상황 가운데서 우리는 하나님의 은혜를 받을 수 있습니다. 바울이 이것을 깨달았습니다. 로마서 8장 39절입니다. **"높음이나 깊음이나 다른 어떤 피조물이라도 우리를 우리 주 그리스도 예수 안에 있는 하나님의 사랑에서 끊을 수 없느니라."** 내 생활이 조금 빈곤하고, 기도 응답이 지체되고, 삶의 문제가 조금 있다고, "하나님이 나를 사랑하시는가?" "왜 나에게는 은혜가 없는가?"라고 반문하지 마시기 바랍니다. 내가 구원받은 것이 하나님께서 계속 우리를 사랑하사, 은혜를 주시겠다는 확증입니다. 하나님은 우리의 시각으로 제정신이 아닌 듯이 우리를 불쌍히 여기며 사랑하셔서 은혜를 베푸십니다. 우리가 스스로 은혜받을 수 있는지 없는지 판단하지 마시기 바랍니다. 흘러넘치는 긍휼과 사랑을 믿고 하나님께 달려가십시오. 기도하십시오. 그러면 반드시 은혜를 주십니다.

　셋째, 가장 위대한 삶은 은혜를 베푸는 삶입니다.
　하나님보다 위대한 자가 없습니다. 하나님은 오직 긍휼과 사랑을 베푸신 분이십니다. 실제 하나님이 그러한 분이심을 우리는 예수 그리스도를 통해 확인합니다. 우리 주님은 자신을 팔려고 작정하여 옆에 있는 가룟 유다를 끝까지 사랑합니다. 자신을 십자가에 못 박은 그들을 하나님께 용서하여 달라고 기도합니다. 그들의 구원을 간구합니다. 주님이 위대하시기에 주님의 삶을 우리가 살아갈 때, 우리는 위대한 삶을 사는 것이지요. 가장 위대한 삶은 은혜를 베푸는 삶입니다.

가정에서 실천해 보시기 바랍니다. 누가 나의 속을 언짢게 합니다. 기분 나쁘게 합니다. 그럼 얼른 저는 이렇게 생각합니다. '원수도 아닌 데 뭘' 주님은 원수까지 사랑하라고 하지 않았습니까? 그런데 옆 사람이 나의 원수는 아니잖아요. '원수도 아닌 데 뭘' 그렇게 생각하면 마음이 달라져요. 그리고 은혜 베푸는 삶이 가장 위대한 삶인 것을 기억합니다. 한 번 해 보시기 바랍니다.

여러분들이여, 이제 은혜 안에서 사십시다. 겸손하십시다. 어떤 모진 환경 속에서도 낙담하지 말고 하나님께 달려가십시다. 역사가 일어납니다. 은혜를 주는 삶이 가장 위대한 삶임을 기억하며 걸어가십시다.

10
완전한 은혜, 완전한 구원

10
완전한 은혜, 완전한 구원

에베소서 2:8-10

8 너희는 그 은혜에 의하여 믿음으로 말미암아 구원을 받았으니 이것은 너희에게서 난 것이 아니요 하나님의 선물이라 9 행위에서 난 것이 아니니 이는 누구든지 자랑하지 못하게 함이라 10 우리는 그가 만드신 바라 그리스도 예수 안에서 선한 일을 위하여 지으심을 받은 자니 이 일은 하나님이 전에 예비하사 우리로 그 가운데서 행하게 하려 하심이니라

지난주 어느 한 신사가 역으로 가던 중 노숙자를 만나서 그에게 양말과 외투를 벗어 준 이야기를 하였습니다. 신사는 긍휼함과 사랑이 많은 사람입니다. 긍휼함은 불쌍히 여기는 마음 즉 동정심입니다. 사랑은 자신을 희생하면서 그 사람을 세워주려는 마음입니다. 노숙자는 그 신사를 전혀 알지 못합니다. 그 신사 또한 그렇습니다. 그리고 노숙자는 신사의 양말과 외투를 받을만한 어떤 일을 한 적도 없습니다. 그러나 신사는 사랑이 많아서 그렇게 호의를 베풉니다. 이렇게 베푼 호의 또는 사랑을 무엇이라고 부릅니까? 은혜라고 합

니다.

오늘 본문은 여기에서 한 걸음 더 나아갑니다. 그럼 그 신사가 노숙자에게 베푼 그 은혜는 완전한 은혜인가? 사랑은 곧 그 사람을 세워주는 것이라 하였는데, 노숙자를 온전히 세워준다는 것은 노숙자 생활에서 나오도록 하는 일입니다. 그러려면 노숙자에게 집을 얻어주든지, 살아갈 수 있는 대책을 세워줘야 합니다. 그러나 신사가 베푼 은혜는 노숙자의 생활에 잠깐은 도움이 되겠지만, 노숙에서 벗어날 수 있도록 해 주지는 못합니다. 엄마가 시집간 딸의 힘듦을 보고 얼마를 부쳐줍니다. 엄마의 사랑입니다. 엄마의 은혜입니다. 그러나 그것이 딸의 힘듦을 완전히 없앨 수 없습니다. 신사나 어머니나 그들이 베푼 은혜에는 한계가 있기 때문입니다. 그런 면에서 완전한 은혜가 아닌 셈입니다.

하나님이 예수님을 우리에게 보내 준 것은 은혜입니다. 그렇기에 하나님의 은혜에 의하여 우리가 구원을 얻었습니다. 8절입니다. **"너희가 그 은혜에 의하여 믿음으로 말미암아 구원을 얻었나니"** 그럼 우리가 믿을 때 받은 구원은 50%짜리 구원입니까? 그래서 나머지 50%는 살면서 채워야 합니까? 아닙니다. 순도 100%짜리 완전한 구원입니다. 내가 예수를 나의 주로 믿을 때 100% 구원받았다는 말은, 하나님께서 나에게 완전한 은혜를 베푸셨다는 말입니다. 구원을 위해 하나님은 완전한 은혜를 베푸셨습니다. 오늘 본문이 그것을 우리에게 확인시켜 줍니다.

첫째 믿음으로 구원을 받았다는 것이 그 사실을 입증합니다.

믿음으로 구원을 받았다는 말은 내가 구원을 받기 위해서 해야 할 일이 하나도 없음을 드러내는 표현입니다. 천주교는 예수를 믿는 것만으로 구원을 얻을 수 없다고 합니다. 예수를 믿으면서도 선행을 베풀어야 구원 얻을 수 있다고 합니다. 믿음+선행=구원입니다. 예수를 우리에게 보내 주신 하나님의 은혜가 완전하지 못하다는 것이지요. 이슬람은 예수 없이 율법만 지키면 된다고 합니다. 하나님의 은혜를 송두리째 부정합니다. 성경은 오직 믿으면 구원을 받습니다. 우리가 구원을 받기 위해서 다른 것을 할 필요가 없다는 것이지요. 이 말은 하나님의 은혜만으로 완전한 구원을 받는다는 것이지요.

이렇게 말씀을 드리면 어떤 분은 이의를 제기합니다. "적어도 내가 믿어야 구원을 얻으니 내가 한 일이 1%라도 있지 않겠습니까?"라고 말합니다. 많은 사람들은 믿고 믿지 않고를 자신이 결정한다고 생각합니다. 한 가지 이야기를 해 봅시다. 아버지가 병을 얻어 결국 그 생이 얼마 남지 않게 되었습니다. 이때 따님 되는 집사님께서 그래도 목사님 모시고 예배 한 번 드리고, 예수 믿도록 해야 되겠다 생각하여 목사님께 부탁합니다. 집사님의 마음을 아는 목사님께서 간절히 복음을 설명하고, 예수 믿어야 천국 감을 설명합니다. 그런데 아버지가 예수를 믿으면 된다는 목사님의 말에 '아멘'을 하지 않습니다. 집사님은 속이 탑니다. 그 간단한 것 하면 되는데 하지 않습니다. 그래서 답답한 마음으로 아버지께 "아빠, 아멘 해!", "아멘 해!"하고 다그칩니다. 아빠는 딸이 자신을 위해서 목사님까지 모셔온 그 성의를 보면서 속으로는 믿기지 않지만 입으로 아멘을 해 줍니다.

왜 아멘이 안 됩니까? 믿겨지지 않아서 그런 것입니다. 그럼 우리는 어떻게 믿게 되었습니까? 믿겨진 것입니다. 무슨 말이냐 하면, 제가 만 원권 백 장을 들고서 여러분들에 말합니다. '이 돈다발은 천만 원입니다.'라고 말합니다. 여러분은 제 말을 믿을 수 있겠습니까? 믿지 못합니다. 눈에 보이는 것은 백만 원 밖에 되지 않기 때문입니다. 그런데 제가 "제가 들고 있는 백만 원은 1970년대 처음 만 원권이 발행될 때의 지폐여서 지금은 10배의 가치가 있다고 감정평가가 나왔습니다."라고 말을 합니다. 그럼 여러분들은 백만 원을 천만 원으로 믿습니다. 믿겨졌기 때문입니다.

나는 예수를 구원자로 믿었습니다. 그런데 남편에게 믿으라고 하면, 남편은 "내가 어떻게 믿어?"라고 반문합니다. "왜 못 믿어?"라고 물으면 남편은 어떻게 반문합니까? "믿겨져야 믿지" 그렇습니다. 믿겨지지 않는 것입니다. 그런데 나에게는 믿겨진 집니다. 이게 어찌 된 일입니까? 까닭인즉, 내 안에 성령 하나님께서 역사를 하셔서 내 마음의 눈을 뜨게 하신 것입니다. 결국 믿음으로 구원을 얻는다는 말은 구원을 얻기 위해서는 내가 어떤 노력도 수고도 할 필요가 없다는 말입니다. 하나님이 나에게 준 구원에 내가 더 보탤 것이 없다는 말입니다. 내가 믿음으로만 구원을 얻는다는 말은 하나님의 은혜는 완전하다는 것이지요. 그렇기에 내가 받은 구원도 완전한 구원입니다.

지금 우리들 중에서도 자신이 과연 구원을 받았는지에 대한 확신이 없어서 불안해하시는 분들이 계실 수 있습니다. 두려워하는 까닭이 무엇입니까? 구원을 받기 위해서는 내가 무언가를 해야 하는데 내가 다하지 않았다는 생각

때문입니다. 내가 보기에 나에게 뭔가 부족하다는 생각이 들기 때문입니다. 아닙니다. 하나님은 완전한 은혜를 우리에게 베풀었습니다. 내가 예수를 주로 믿고 있다면, 나는 완전한 은혜를 받았습니다. 완전한 구원을 받았습니다.

둘째, 믿었을 때 하나님의 자녀가 된 것을 보면서 하나님의 은혜는 완전함을 알 수 있습니다.

우리가 구원을 받았다는 것을 2장 10절에서는 우리가 만들어진 것으로 표현합니다. **"우리는 그가 만드신 바라"**고 합니다. 여기서 만들었다는 말은 기계에서 일률적으로 찍어낸 것을 말함이 아닙니다. 수공예품을 말합니다. 믿는 자는 하나님께서 한 사람 한 사람을 빚어냈다는 말입니다. 정말 그렇습니다. 우리가 어떻게 예수를 믿었는지를 보면 사람마다 그 과정이 다 다릅니다. 아웃백스테이크하우스를 설립한 정인태 씨는 3대째 불교집안이었습니다. 그의 아내는 어릴 적 교회는 다녔지만, 집안의 반대로 다니지 않다가 결혼해서 옆집 권사님의 권유로 교회를 가게 되었습니다. 그러면서 자녀들도 자연스럽게 교회에 나가게 되었고 정인태 씨만 교회를 나가지 않았습니다. 그러던 중 그의 아버지가 병상에 눕게 됩니다. 그의 형제가 5남 1녀였고 그는 막내였는데 아무도 아버지를 모시려고 하지 않았습니다. 어떻게든 자신을 전도하고 싶어 안달이 난 아내를 보고 한 가지 제안을 합니다. "당신이 부모님을 모시면, 내가 교회에 나갈게" 그게 계기가 되어 교회를 다니며 예수를 영접하였습니다. 그리고 아웃백스테이크하우스를 크리스천 기업으로 키웠다고 합니다. 어떤 분은 자녀가 병이 들므로 예수를 믿었습니다. 우리 모두 예수를 주로 영접하는 그 과정이 다 다릅니다. 이것은 하나님께서 한 사람 한 사람을 전부 만들었음을 보여주는 표시입니다.

  그런데 어떤 작품이냐 하면 **'그리스도 예수 안에서 선한 일을 위하여 지으심을 받았다'**는 것이지요. 여기서 지으심을 받았다는 말은 원문에는 '창조되었다'라고 적혀 있습니다. 이것을 에베소서 4장 24절에서 설명합니다. **"하나님을 따라 의와 진리의 거룩함으로 지으심을 받은 새사람을 입으라고 합니다."** 새 사람을 입으라고 합니다. 성경에서 입으라는 말은 그렇게 살라는 말입니다. 즉 새 사람처럼 살라는 말이지요. 왜 새 사람처럼 살라고 합니까? 새 사람이 되었으니까요. 여기서 새 사람이 되었다는 말은 가령, 감옥에서 나온 친구를 향하여 두부 한 모 주면서, "친구야, 이제 두부 한 번 베어 먹고 새 사람으로 살아야지"라는 의미가 아닙니다. 우리는 시간이 지나면서 조금씩 개선되면 그것을 새로운 것이라고 표현합니다. 전자제품을 조금 발전시켜 내놓으면 새 상품 나왔다고 합니다. 헬라어에서 이렇게 시간의 지남에 따라 기존의 있는 것에서 바뀌는 의미로 새롭다는 말을 사용할 때는 '네오스'라는 단어를 사용합니다. 그런데 에베소서 4장 24절에서 새롭다는 단어는 '카이논'입니다. 꼭 기억해 두시기 바랍니다. '카이논'은 질적으로 이전의 것과는 완전히 다른, 이전에 없는 완전히 새로워진 것이 만들어졌을 때 사용하는 단어입니다. 새 사람이란 이전에는 그런 사람이 없었습니다. 완전히 새로운 종족, 신인류를 창조하였다는 말입니다.

  어떤 새로운 종족입니까? 그리스도 예수 안에서 선한 일을 하는 자들입니다. 선한 일은 주님을 주인으로 삼고 살아가는 것을 말합니다. 보세요. 그전에 우리는 전부 자기 욕심, 자기 생각을 붙잡고 살던 자들입니다. 죄 가운데 산 자들입니다. 본질상 진노의 자녀입니다. '본질상'은 생태적이란 말입니다. 흑인이 되고 백인이 되는 것은 생태적으로 결정이 됩니다. 아무리 노력하고 애써도 그것은 바꿀 수 있는 것이 아닙니다. 우리가 생태적으로 진노의 자식이니 사람이 아무리 노력하고 애써도 거기에서 빠져나올 수가 없습니다. 그래서 하나님은 우리를 다시 창조하신 것입니다. 예수가 주인이 되어 있는 새로운 종족, 새로운 본성을 가진 자로 만들었습니다. 내가 예수를 믿을 때, 이 일은 일어난 것입니다. 나는 50%만 새로워진 것이 아닙니다. 완전한 구원을 받은 것입니다. 그러니 하나님이 나에게 베푼 은혜는 완전한 은혜인 것이지요.

황수관 박사가 아내의 권유를 따라 집회에 갔습니다. 설교 중에 예수님께서 내 마음에 들어오시기를 간절히 원하고 계신다는 말씀이 들렸을 때, 황수관 박사에게는 그동안 전혀 경험해 보지 못했던 이상한 일이 일어났습니다. 눈물이 주책없이 흐르고 자신도 모르게 자신만을 위해 살아왔던 죄와 착한 척, 잘난 척, 똑똑한 척했던 자신의 잘못을 모두 고백하며 중얼거리고 있었던 것입니다. 그리고는 자신을 주님의 자녀로 불러주신 것이 얼마나 감사한지 수도꼭지를 열어 놓은 것 같이 눈물이 줄줄 흘렸다고 합니다. 황수관 박사의 감격은 자신이 온전한 하나님의 자녀가 되었음을 알았기 때문에 일어난 일이지요.

나의 불완전한 모습을 통하여, 나의 넘어지는 모습을 통하여, 내가 구원을 받았는지 안 받았는지 재지 마시기 바랍니다. 하나님은 완전한 은혜를 주셨습니다. 그렇기에 예수를 주로 믿으면 완전한 구원을 받았습니다. 그래서 우리는 외칠 수 있습니다. '나 분명히 구원을 받았어!' '나 분명히 하나님의 자녀가 되었어!' '나 분명히 천국에 들어가!' 이 구원의 감격을 누리시길 축복합니다.

2부

교회를 보다

11. 교회는 하나님의 영원한 목적입니다

12. 천국을 주기 위해 교회를 세웠습니다

13. 교회를 하나님의 집이 되게 하여야 합니다

14. 교회에는 하나님의 지혜가 나타나야 합니다

15. 우리 교회 보고 예수 믿으세요!

16. 교회적 존재가 되어야 합니다

17. 우리의 하나 됨을 지켜야만 합니다

18. 교회는 그리스도의 모습으로 자라야 합니다

19. 교회 안에서만 변할 수 있습니다

20. 어둠을 쫓아내는 삶을 살라

11

교회는 하나님의 영원한 목적입니다

11
교회는 하나님의 영원한 목적입니다

에베소서 2:11-15

11 그러므로 생각하라 너희는 그 때에 육체로는 이방인이요 손으로 육체에 행한 할례를 받은 무리라 칭하는 자들로부터 할례를 받지 않은 무리라 칭함을 받는 자들이라 12 그 때에 너희는 그리스도 밖에 있었고 이스라엘 나라 밖의 사람이라 약속의 언약들에 대하여는 외인이요 세상에서 소망이 없고 하나님도 없는 자이더니 13 이제는 전에 멀리 있던 너희가 그리스도 예수 안에서 그리스도의 피로 가까워졌느니라 14 그는 우리의 화평이신 지라 둘로 하나를 만드사 원수 된 것 곧 중간에 막힌 담을 자기 육체로 허시고 15 법조문으로 된 계명의 율법을 폐하셨으니 이는 이 둘로 자기 안에서 한 새 사람을 지어 화평하게 하시고

몇 년 전만 해도 가나안 신자라는 말이 유행하였습니다. 가나안 신자는 신자인데 교회에 가지 않는 자를 일컫는 말입니다. 그럼 이들은 어떻게 예배합니까? 가나안 신자 한 사람의 예배 모습을 그려놓은 기사를 보았습니다. 주

일 아침 예배 시간에 맞춰 카페에 갑니다. 주문한 차를 들고 조용한 창가를 찾아서 앉습니다. 거기서 혼자 기도하고 성경 보고 말씀을 묵상합니다. 찬송은 이어폰으로 듣습니다. 그것이 그들의 주일 예배입니다. 교회에 오지 않고 예배하는 또 다른 부류도 있습니다. 자신의 가정에서 식구들과 함께 예배하는 자들입니다. 어디서든 예배하면 된다고 생각하는 것이지요. 신학자 중에는 아예 교회에 모이는 것이 필요 없다고 말하는 자도 있습니다. 대표적인 신학자가 일본의 우찌무라 간조입니다. 많은 영향을 끼쳤죠. 그런데 이 분은 무교회주의입니다. 교회에 가지 않아도 된다는 것이지요. 실제로 우리 주변을 보면 교회에 나오지 않음에도 자신은 예수를 믿는다고 말씀하시는 분들이 계십니다.

  이렇게 생각하는 까닭은 의외로 간단합니다. 예수만 믿으면 구원을 얻는다 하였으니 혼자서 믿든, 함께 믿든 상관이 없다는 것이지요. 그렇게 생각하면 초대교회 성도들이나 우리 믿음의 선조들은 바보 같은 신앙을 가졌습니다. 예수를 믿으면 죽을지 모르는 황제의 박해 속에서도 초대교회 성도들은 모든 사람이 잠든 밤 동굴에 모여 숨죽이며 함께 예배하였습니다. 우리 믿음의 선조들은 공산당의 위험 속에서도 한 집에 모여 망을 보면서 숨죽여 가며 예배하였습니다. 아니 예수만 믿으면 되는데, 그렇게 위험을 감수하고 모일 필요가 어디에 있습니까? 바보 같은 짓 아닙니까? 우리는 미국의 청교도들이 미국으로 건너갔을 때 자신들의 살 집도 있기 전에 그들이 모여서 예배할 공간인 교회를 먼저 지었음을 압니다.

오늘 본문이 그 까닭을 설명합니다. 주님이 십자가를 지신 궁극적인 목적은 한 사람 한 사람을 구원해서 구원한 그 사람들을 모아 교회를 세우는 일이었습니다.

먼저 본문 11,12절의 내용을 간략하게 설명하면. 에베소 교회는 유대인과 이방인들로 구성되었습니다. 이들은 예수 믿기 전에 원수로 지냈습니다. 유대인들은 하나님이 주신 율법을 가지고 있었습니다. 율법을 가지고 있다는 것은 어떻게 살아야 하는지를 안다는 것 아닙니까? 이방인은 율법이 없는 자들입니다. 한 마디로 어떻게 살아야 할지 모르는 자들이었습니다. 법을 가진 유대인들이 보기에는 이방인은 야만인이었습니다. 그래서 유대인들은 우월감에 사로잡혀 이방인을 멸시하였습니다. 그렇게 멸시를 받자 이방인들은 유대인들에 대한 강한 적개심을 가졌습니다. 서로 원수가 된 것이지요.

그런데 이들이 예수를 믿었습니다. 자신은 죽었고, 예수가 자신의 주이심을 받아들입니다. 14절 말씀을 봅니다. **그는 우리의 화평이신지라 둘로 하나를 만드사 원수 된 것 곧 중간에 막힌 담을 자기 육체로 허시고.** 원수 된 것은 헬라어에 적개심으로 되어 있습니다. 그 적개심을 주님께서 십자가에서 허셨다고 합니다. 이들이 구원을 받아 새 사람이 되었음을 말합니다. 15절입니다. **"법조문으로 된 계명의 율법을 폐하셨으니"** 율법을 없앴다는 말이 아니라 유대인들이 예수를 믿음으로 우월감을 가진 자신이 죽었음을 알게 되었다는 것입니다. 유대인과 이방인은 예수 안에서 자신은 죽고 예수가 주가 되어 있는 완전한 새 사람이 되었습니다. 완전한 구원을 받은 것이지요. 그런데 15절

그다음을 보면 이렇게 나옵니다. **"이는 이 둘로 자기 안에서 한 새 사람을 지어 화평하게 하시고"** '이는' 즉, '새 사람을 만든 까닭은'이란 뜻입니다. 그 이유는 예수 그리스도 안에서 '한 새 사람'을 만들기 위해서입니다. 이 말은 구원을 받은 사람들을 모아서 한 새 사람으로 만들기 위함이라는 것이지요. 믿는 성도 열 명이 있으면 그들을 모아서 한 새 사람으로 만든다는 것이지요.

이 말을 들으면 만화 영화의 독수리 오형제처럼 각각 떨어져 있다가 하나로 합쳐져서 불새가 된다는 말인가? 선뜻 이해가 되지 않습니다. 그런데 만들 수 있습니다. 예수 믿는 자, 열 명이든, 백 명이든 모이면 자연스럽게 한 새 사람이 될 수 있습니다. 왜 그렇습니까? 믿는 자는 자신은 없고 오직 예수만 있는 자들입니다. 그런 자들이 모였습니다. 그렇게 모인 사람들에게 전부 예수가 나타납니다. 열 명이 모여도 예수가 나타납니다. 백 명이 모여도 예수가 나타납니다. 결국 그 모임에는 누구만 나타납니까? 예수님 한 분만 나타납니다. 그렇게 많이 모여도 결국 예수 한 사람입니다. 이렇게 나는 없고 오직 예수가 내 주라고 고백하는 자들의 모임을 성경에는 무엇이라고 합니까? 고린도전서 1:2절입니다. **"고린도에 있는 하나님의 교회 곧 그리스도 예수 안에서 거룩하여지고 성도라 부르심을 입은 자들과 또 각처에서 우리의 주되신 예수 그리스도의 이름을 부르는 모든 자들에게"** 예수의 이름을 부르는 자들의 모임을 교회라고 합니다. 한 새 사람은 다름 아닌 교회를 가리키는 말입니다.

주님이 십자가를 지신 까닭은 믿는 자들을 모아 오직 그리스도로 살아가는 교회를 만들기 위함입니다.

이렇게 생각해 보시기 바랍니다. 하나님께서 나를 죄에서 건진 즉 구원한 까닭이 어디에 있습니까? 천국에 들어가게 하기 위해서입니다. 여기에 대해서는 다음 시간에 자세히 알아봅니다. 그러나 간략하게 예를 들어서 설명한다면, 예수님께서 나병 환자를 고쳐주셨습니다. 그런 다음 주님은 한 가지를 명합니다. 반드시 제사장에게 가서 네가 나았다는 것을 보여주라는 것이지요. 당시 나병에 대한 진단은 제사장이 하였습니다. 제사장이 나병이 나았음을 선언하면 그는 어디로 갑니까? 가족의 품으로 돌아갑니다. 정상적인 사회로 돌아갑니다. 만약에 나병이 나았음에도 불구하고 그가 나병 환자와 함께 산다면 나병이 고쳐진 의미가 없습니다. 그는 정상적인 사람들, 무엇보다 자신의 가족들과 함께 살면서 그는 비로소 온전한 삶을 살게 됩니다. 나병을 고친 목적은 온전한 삶을 위한 것입니다. 그렇듯이 예수를 믿는 자는 천국의 기쁨을 누리며 살아야 합니다. 교회는 이 땅에 있는 하나님 나라, 천국입니다. 그렇다면 예수를 믿으면 당연히 교회에 들어와야 합니다. 아니 교회가 되어야 합니다. 주님은 우리를 교회 되게 하기 위해서 죽으신 것입니다.

이것을 잘 보여주는 예가 마태복음 16장에 나옵니다. 우상이 가득한 가이사랴에서 예수님께서 "너희는 나를 누구라 하느냐?"고 제자들에게 물었습니다. 이때 베드로는 "주는 그리스도시요 살아계신 하나님의 아들"이라고 대답합니다. 이 고백은 '나는 예수님과 함께 죽었고 예수님은 나의 주이십니다'라는 말입니다. 그 고백을 한 베드로에게 예수님께서는 마태복음 16장 18절에서 **"또 내가 네게 이르노니 너는 베드로라 내가 이 반석 위에 내 교회를 세우리니 음부의 권세가 이기지 못하리라"**라고 말씀하십니다. 이 말은 '베드로 너와 같은 고백을 하는 자들을 모아서 나는 내 교회를 세울 것'이라는 말입니다. 주님께서 십자가를 지신 궁극적인 목적은 우리를 구원하는데서 그치지 않고 구원한 우리들을 모아서 교회를 만들기 위함이었습니다.

하나님께서 사람을 지으신 목적도 교회를 세우기 위함이었습니다.

창세기를 가 봅니다. 창세기 1장 26절입니다. **"하나님이 이르시되 우리의 형상을 따라 우리의 모양대로 우리가 사람을 만들고"** 여기서 강조점은 '우리'입니다. 하나님의 '우리'를 본떠서 사람을 만들었다는 것입니다. 그럼 사람을 몇 명 창조해야 합니까? 적어도 둘 이상입니다. 하나님의 '우리'를 우리의 용어로 표현하면 '공동체'입니다. 하나님의 공동체를 본떠서 이 땅에서도 공동체를 만들기 원하였다는 것이지요. 그래서 아담과 하와 두 사람을 만들었다는 것입니다. 하나님의 공동체를 본 따서 만든 사람 공동체는 곧 하나님을 믿는 자들의 모임인 교회입니다. 하나님께서는 이 땅에 교회를 만드시는 것이 목적이었습니다.

우리는 요한계시록을 종말을 보여주는 책이라고 알고 있습니다. 아닙니다. 요한 계시록은 당시 핍박을 받고 있는 성도들을 격려하며, 그들의 믿음을 붙잡아 주기 위해 기록된 책입니다. 요한계시록 21장 1-2절입니다. **"또 내가 새 하늘과 새 땅을 보니 처음 하늘과 처음 땅이 없어졌고, 바다도 다시 있지 않더라. 또 내가 보매 거룩한 성 새 예루살렘에 하나님께로부터 하늘에서 내려오니 그 준비한 것이 신부가 남편을 위하여 단장한 것 같더라."** 이 구절을 우리는 세상 끝 날에 즉 말세 때 일어날 일로 알고 있습니다. 아닙니다. 성경은 예수님이 오신 그때부터 말세라고 합니다. 요한계시록 21장 1-2절은 예수님이 이 땅에 사람으로 오신 후 일어난 일입니다. 하늘에서 새 예루살렘이 내려오는데 그 성은 신부가 신랑을 위하여 단장한 것 같다고 합니다. 새 예루살렘을 신부로 표현합니다. 성경에서는 교회를 가리켜 비유적으로 예수님의 신부라고 합니다. 곧 교회가 이 땅에 오는 것을 이야기하고 있습니다. 위의 구절은 주님이 육신으로 오심으로 말세가 시작되었고, 동시에 주님이 오심으로 교회가 세워졌다는 것이지요. 주님께서 오신 목적은 이 땅에 교회를 세우기 위함입니다.

그리고 우리는 죽어 천국에 갑니다. 죽어서 가는 천국을 무엇이라고 부릅니까? 보이지 않는 교회, 무형교회라고 부릅니다. 결국 우리가 마지막 가는 곳도 교회입니다. 하나님의 창조의 목적도 교회이며, 주님께서 이 땅에 오신 까닭도 교회를 세우기 위함이며, 우리가 죽어서 가는 곳도 교회입니다. 교회가 하나님의 영원한 목적입니다.

그렇기에 오늘 말씀을 우리 삶에 적용하면,

첫째, 우리는 늘 모이는 일에 힘써야 합니다.

우리를 구원하신 까닭이 교회를 만들기 위함이며, 그리고 교회는 성도들의 모임이기에 우리는 모이기에 힘써야 합니다. 히브리서 10:25절입니다. **"모이기를 폐하는 어떤 사람들의 습관과 같이 하지 말고 오직 권하여 그날이 가까움을 볼수록 더욱 그리하자."** 우리는 모여서 함께 교제하며, 함께 찬양하며,

함께 예배하며, 함께 기도하기를 즐거해야 합니다.

둘째, 하나님의 영원한 목적에 함께 해야 합니다.

사람들이 보기에 교회는 하나님 나라 같아 보이지 않습니다. 그러나 주님은 교회를 세우기 위해서 오셨기에 우리 또한 그 일에 동참하여야 합니다. 우리 교회가 삼위 하나님 공동체와 같은 교회가 될 수 있도록 힘써야 합니다.

셋째, 온 땅에 교회가 충만하길 소망하여야 합니다.

교회가 하나님의 영원한 목적이기에 우리는 온 땅에 교회가 충만해지기를 소원해야 합니다. 이것을 깨달은 바울은 교회를 세우기 위하여 자신의 생명을 걸고 복음을 전하러 다녔습니다.

우리는 진정 교회가 되어야 합니다. 삼위 하나님의 공동체와 같은 그런 교회가 되어야 합니다. 삼위 하나님의 공동체와 같은 교회가 어떤 교회인지는 다음에 설명을 드리겠습니다. 그러나 분명한 것은 하나님께서는 우리를 구원하는데서 그치지 않고 우리를 교회되게 하는 것을 궁극적 목적으로 삼으셨습니다. 이 진리를 깨닫고 우리는 어떻게든 교회가 될 수 있기를 힘써야겠습니다.

12
천국을 주기 위해 교회를 세웠습니다

12
천국을 주기 위해 교회를 세웠습니다

에베소서 2:15~22

15 법조문으로 된 계명의 율법을 폐하셨으니 이는 이 둘로 자기 안에서 한 새 사람을 지어 화평하게 하시고 16 또 십자가로 이 둘을 한 몸으로 하나님과 화목하게 하려 하심이라 원수 된 것을 십자가로 소멸하시고 17 또 오셔서 먼 데 있는 너희에게 평안을 전하시고 가까운 데 있는 자들에게 평안을 전하셨으니 18 이는 그로 말미암아 우리 둘이 한 성령 안에서 아버지께 나아감을 얻게 하려 하심이라 19 그러므로 이제부터 너희는 외인도 아니요 나그네도 아니요 오직 성도들과 동일한 시민이요 하나님의 권속이라 20 너희는 사도들과 선지자들의 터 위에 세우심을 입은 자라 그리스도 예수께서 친히 모퉁잇돌이 되셨느니라 21 그의 안에서 건물마다 서로 연결하여 주 안에서 성전이 되어 가고 22 너희도 성령 안에서 하나님이 거하실 처소가 되기 위하여 그리스도 예수 안에서 함께 지어져 가느니라

제가 알고 계신 장로님 한 분은 '아버지학교'를 수료하면서 가정과 믿음에 대해 새롭게 눈을 떴다고 합니다. 이 분은 그 후로 '아버지학교' 전도사가 되었습니다. 과거에 저에게도 교회에 광고해서 '아버지학교'에 많이 참석시켜 달라고 부탁하였습니다. 아버지가 무엇인 줄 알면 반드시 변하는데 아버지가 무엇인 줄 모르고 있는 것이 너무 안타깝다는 것입니다. 예수를 주로 믿는 자들이 모여 있는 곳이 교회입니다. 우리가 교회입니다. 주님께서 십자가를 지신 까닭도 우리를 구원해서 교회가 만들기 위함이라고 하였습니다. 그렇기에 우리는 교회가 무엇인지 알아야 합니다. 교회가 무엇인지 깨달으면 우리는 변합니다. 교회도 변합니다. 우리는 놀라운 신앙생활을 할 수 있습니다.

공사장 가림벽을 보면 지어질 건물 조감도를 붙여 놓습니다. 오늘 본문은 하나님께서 우리에게 교회가 무엇인지 보여주는 조감도입니다. 성지 순례를 갔을 때, 인솔자가 우리들에게 갈릴리가 바다인지 호수인지 물었던 적이 있습니다. 여러분은 어떻게 생각하십니까? 바다입니까? 호수입니까? 우리 시각으로는 호수입니다. 그래서 한 두 분이 호수라고 말하니까 그분은 호수가 아니라 바다라고 합니다. 이유인즉 성경에 그렇게 기록되어 있기 때문이라는 것이지요. 그렇듯이 교회를 만드신 하나님께서 교회가 무엇인지를 설명하면 우리는 그대로 받아들여야 합니다. 우리가 보는 교회는 그것이 아닐지라도 하나님의 그림을 받아들여야 합니다. 하나님이 그린 교회는 어떤 그림입니까? 한 마디로 천국입니다. 하나님이 교회를 세우신 까닭은 구원을 받은 성도들이 천국을 누리도록 하기 위함입니다. 왜 교회를 천국이라고 하는지 본문에서 기록하고 있습니다.

먼저, 교회는 사람 간에 화평이 이뤄진 곳이기 때문입니다.

14절입니다. **"그는 우리의 화평이신지라 둘로 하나를 만드사 원수 된 것 곧 중간에 막힌 담을 자기 육체로 허시고"** 둘로 하나를 만들었다고 할 때의 둘은 유대인과 이방인을 말합니다. 유대인들은 이방인들을 철저히 차별하였습니다. 짐승보다 못한 자들로 여기며, 그들과 함께 있지도 않았습니다. 차별이 있는 곳에는 언제나 갈등과 분열과 적대감이 있습니다. 우리는 인종차별로 인하여 일어나는 폭동을 봅니다. 지금 한국 사회에서는 여성 차별로 인하여 많은 다툼이 있습니다. 능력 차별, 외모 차별, 빈부 차별 등등이 만연해 있습니다. 그러니 사회는 갈등과 적대감만 가득합니다. 그런데 교회는 어떻습니까? 그렇게 차별하는 나, 그렇게 적대감을 가지고 있던 나는 죽었습니다. 서로 상대방을 공격하는 우리는 죽었습니다. 그렇기에 서로 화목한 자가 되었습니다.

나아가서 서로 주님에 맞춰 살아갑니다. 주님께 맞추니 자연스럽게 일치가 일어납니다. 불일치가 있으니까 다툼이 있고 갈등이 있습니다. 제자반을 할 때 '우리 교회에서 다투는 것을 보았느냐?'고 물어봅니다. 그분들은 대답합니다. 우리 교회에서는 다툼을 보지 못했다는 겁니다. 물론 개인 간에 다툼이 혹 있을 수도 있겠지만, 교회에서 그렇게 서로 다투는 모습을 보지 못하였다고 합니다. 언젠가 자료를 보니까 전국에 다투는 교회가 80%라고 합니다. 그렇게 보면 대단하게 보일 수 있습니다. 그러나 아서야 합니다. 교회는 다툴 수 없는 사람들이 모인 곳입니다. 주님께 모든 것을 맞추는데 어떻게 불일치가 일어납니까?

예를 들어 봅니다. 주일학교 교육을 위해서 가전제품 하나를 구입하자는 당회가 열렸습니다. 열 명의 당회원들이 모였는데 당연히 구입하자는 쪽과 구입하지 말자는 쪽으로 나눠졌습니다. 의견 차이가 날 수 있습니까?, 없습니까? 날 수 있습니다. 의견 차이를 계속 고수하면 다툼이 되며 분쟁이 됩니다. 그런데 교회는 그렇게 할 수 없습니다. 교회가 무엇인지 아는 당회원들은 이야기합니다. "이렇게 의견이 나눠졌으니 우리 주님이 무엇을 원하시는지 물어봅시다." 그러면서 간절히 기도합니다. 즉시 답이 나올 수도 있고 그렇지 않을 수도 있습니다. 그럼 어떻게 합니까? "금주 이 문제를 가지고 하루 한 시간 이상씩 기도하십시다." 그렇게 흩어진 당회원들이 기도합니다. 기도하는 가운데, "야, 너는 왜 자꾸 교회 경제를 보냐? 주님의 몸인 교회에 그것이 유익한지 아닌지를 봐야 할 것 아니냐?" 그런 음성이 속에서 들립니다. 적어도 당회원이라면 자신이 죽는 것은 전문가입니다. "예, 그렇다면 주님의 몸인 교회에 유익한 쪽을 택하겠습니다." 주님에 따라 움직입니다. 그럼 그곳에는 반드시 일치가 일어나며, 하나 됨이 일어납니다. 그래서 전부 가전제품을 구입하자고 결론을 내립니다. 그것이 주님의 뜻에 맞는 것이기에 그렇게 결정한 그들에게는 또한 기쁨이 일어납니다.

나아가서 서로를 볼 때 그 안에 주님이 계시니 주님으로 봅니다. 그러니 서로 존중합니다. 그리고 상대방을 주님으로 보기에 서로 복종합니다. 그리고 서로 세워주려고 합니다. 성도들 사이에 차별과 적대감이 사라지고, 일치가 일어나며, 서로를 존중하며 세워줍니다. 성도들 간에 온전한 화평이 일어났습니다. 이 모습은 천국의 모습입니다.

둘째, 교회는 하나님께서 거처로 삼으신 곳이기 때문입니다.

에베소서 2장 18절입니다. **"이는 그로 말미암아 우리 둘이 한 성령 안에서 아버지께 나아감을 얻게 하려 하심이라."** "우리 둘이"는 교회를 가리킵니다. 아버지께 나아간다는 표현은 이스라엘 성전을 보면 성소와 지성소로 나눠져 있고 지성소는 하나님이 계신 곳인데 그곳에 들어간다는 말입니다. 하나님이 계신 곳에 들어가는 것을 말합니다. 에베소서 2장 22절을 봅니다. **"너희도 성령 안에서 하나님이 거하실 처소가 되기 위하여 그리스도 예수 안에서 함께 지어져 가느니라"** 앞의 너희는 교회를 말함이며, 교회는 하나님의 거하실 처소 곧 집이라는 말입니다. 여러분, 이게 무슨 말입니까? 미국 대통령이 저 아프리카 빈국을 향하여 "미국은 당신들과 늘 함께 있습니다!"라고 할 때, 그것은 "당신들의 어려움을 늘 눈여겨보고 돕겠습니다. 여러분들을 늘 주시하겠습니다."라는 의미입니다. 그러나 가령 탄자니아의 수도에 백악관을 옮기고 그곳에서 대통령이 거주합니다. 그리고 행정부가 다 그곳으로 옮겨왔습니다. 이것은 늘 당신을 돕겠다는 것과는 전혀 다른 이야기입니다. 미국이 탄자니아로 옮긴 것입니다. 하나님이 교회에 처소를 두었다는 말은 결국 천국이 교회로 옮겨졌다는 말입니다. 교회가 천국이라는 말입니다.

앞에서 요한계시록 2장 1, 2절에서 하늘에서 새 예루살렘성이 이 땅으로 내려온다고 말을 하였고 새 예루살렘성은 교회라고 말하였습니다. 이어서 21장 3절을 봅니다. **"내가 들으니 보좌에서 큰 음성이 나서 이르되 보라 하나님의 장막이 사람들과 함께 있으매 하나님이 그들과 함께 계시리니 그들은 하나님의 백성이 되고 하나님은 친히 그들과 함께 계셔"** 하나님의 장막, 하나님의 거처가 어디에 있습니까? 주의 이름을 부르는 사람들과 함께 있습니다. 교회가 천국이 된 것입니다. 그렇기에 하나님은 교회에 무한한 은혜를 주십니다. 요한계시록 21장 4절입니다. **"모든 눈물을 그 눈에서 닦아 주시니 다시는 사망이 없고, 애통하는 것이나 곡하는 것이나 아픈 것이 다시 있지 아니하리니 처음 것들이 다 지나갔음이러라"** 교회에 염려와 두려움 근심 등의 사망 권세가 물러갑니다. 병든 몸이 튼튼해집니다. 실제 천국이 이뤄집니다.

여러분들이여, 우리가 오직 주님을 드러내기를 소망하면서 성도 간에 일치를 만들어 내며, 주님의 마음으로 함께 예배하고 기도하며 하나님께 나아갑니다. 교회입니다. 그러면 반드시 이곳에 천국 역사가 일어납니다. 실제로 이것을 보여준 교회가 있습니다. 고린도 교회입니다. 당시 주일 예배는 이렇게 오전에 모여 형식을 갖춰 예배하는 것이 아니라 저녁에 모여 성찬식을 하는 것이었습니다. 고린도 교회에는 부자도 있었지만 종들도 있었습니다. 종들은 자신들 마음대로 시간을 낼 수가 없습니다. 일을 하고 나서야 모일 수밖에 없습니다. 그러다 보니 한 가지 문제가 생겼습니다. 저녁을 먹고 와서 예배를 하자니 너무 늦습니다. 그렇다고 먹지 않고 하자니 그것도 힘이 듭니다. 그래서 아예 도시락을 가지고 와서 함께 먹고 함께 예배하는 것이었습니다. 그것을 애찬이라고 불렀습니다.

부자들은 시간을 자유롭게 낼 수 있습니다. 그리고 음식도 풍성하게 가져올 수 있습니다. 반면 종들은 일을 마치고 허겁지겁 달려올 수밖에 없습니다. 도시락도 가져오지 못하는 경우가 많습니다. 당연히 그들을 배려해야 합니다.

그러나 부자들은 미리 와서 자신들이 가져온 음식을 풀어놓고 그들끼리 먹었습니다. 그들이 있는 곳에 종들이 있으면 불편합니다. 그렇게 자신들이 다 먹고 난 다음 종들이 헐레벌떡 뛰어옵니다. 이미 음식은 떨어졌습니다. 그들은 굶고 예배를 드립니다. 음식으로 인하여 차별이 일어나며 분리가 일어나고 편이 나눠진 것입니다. 그렇게 드리는 예배는 한 몸으로 드리는 예배가 될 수 없습니다. 주님은 이렇게 말합니다. 고린도전서 11장 22절입니다. **"너희가 먹고 마실 집이 없느냐, 너희가 하나님의 교회를 업신여기고 빈궁한 자들을 부끄럽게 하느냐 내가 너희에게 무슨 말을 하랴, 너희를 칭찬하랴 이것으로 칭찬하지 않노라"** 하나님의 교회를 업신여겼다는 말입니다. 교회는 차별이 없는 곳인데, 주님의 뜻을 따르는 곳인데, 서로 존중해 주는 곳인데, 종들을 업신여긴 것은 곧 주님의 몸인 교회를 업신여긴 것입니다.

그러자 어떤 일이 일어납니까? 고린도전서 11장 30절입니다. **"그러므로 너희 중에 약한 자와 병든 자가 많고 잠자는 자도 적지 아니하니"** 약한 자, 병든 자, 영적으로 잠자는 자가 많게 되었다고 합니다. 우리는 다칠 수도 있고 병들 수도 있습니다. 바울은 안과 질환으로 얼마나 고생을 하였습니까? 교회 또한 세상 속에 있기 때문입니다. 그럼에도 또 하나의 분명한 사실은, 우리가 주님만을 드러내며 불일치를 없애고 서로 존중하며, 그리고 함께 기도하고 예배하며 교제할 때 그것은 교회이기에 교회에 거처를 잡으신 하나님께서는 그 교회에게 무한한 은혜를 주십니다. 천국이 일어나도록 만드십니다. 죽음과 사망의 권세를 쫓아내십니다.

이것은 선지자들이 이미 예언한 내용입니다. 이사야 11장1절은 이렇습니다. **"이새의 줄기에서 한 싹이 나며 그 뿌리에서 한 가지가 나서 결실할 것이요"** 예수가 오신다는 것이지요. 그가 오심으로 어떤 일이 일어납니까? 이사야 11장 6절입니다. **"그 때에 이리가 어린 양과 함께 살며 표범이 어린 염소와 함께 누우며 송아지와 어린 사자와 살진 짐승이 함께 있어 어린 아이에게 끌리며...** 그분이 오면 한 공동체가 세워지는데 그 공동체는 적대감이 무너지며 서로 존중하며 예수를 주로 섬기는 곳입니다. 교회에 대한 내용입니다. 그곳에 하나님은 거처를 삼아서 은혜를 베푸심을 예언합니다. 이사야 43장 19~21절입니다. **"보라 내가 새 일을 행하리니 이제 나타낼 것이라. 너희가 그것을 알지 못하겠느냐, 반드시 내가 광야에 길을 사막에 강을 내리니 장차 들짐승 곧 승냥이와 타조도 나를 존경할 것은 내가 광야에 물을 사막에 강들을 내어 내 백성 내가 택한 자에게 마시게 할 것임이라. 이 백성은 내가 나를 위하여 지었나니 나를 찬송하게 하려 함이니라"**

여러분들이여, 우리는 교회입니다. 열 명이 모였든 백 명이 모였든 오직 예수 그리스도를 드러내는 한 새 사람입니다. 우리 안에는 화평이 있습니다. 더 이상 분쟁도, 차별도 없는 주님께 모든 것을 맞추어 나가는 일치가 있습니다. 이곳에 하나님이 거처를 정하여서 사십니다. 교회는 천국입니다. 하나님은 세상에 보이는 천국을 만들어 놓았습니다. 교회가 많을수록 세상은 고쳐지는 것이지요. 오늘 아침, 교회가 무엇인지 깨닫고 돌아가는 복된 은혜가 있기를 축복합니다.

13

교회를 하나님의 집이 되게 하여야 합니다

13
교회를 하나님의 집이 되게 하여야 합니다

에베소서 2:19~22

19 그러므로 이제부터 너희는 외인도 아니요 나그네도 아니요 오직 성도들과 동일한 시민이요 하나님의 권속이라 20 너희는 사도들과 선지자들의 터 위에 세우심을 입은 자라 그리스도 예수께서 친히 모퉁잇돌이 되셨느니라 21 그의 안에서 건물마다 서로 연결하여 주 안에서 성전이 되어 가고 22 너희도 성령 안에서 하나님이 거하실 처소가 되기 위하여 그리스도 예수 안에서 함께 지어져 가느니라

한국 교회는 유난히 분열이 많았습니다. 그 분열로 인해 교회가 많이 늘어났습니다. 그리고 성장도 하였습니다. 그래서 어떤 분들은 말합니다. 교회 분열도 하나님의 뜻이라고 말입니다. 때로는 봉사를 하면서 다툴 때 그것 또한 교회 잘 되기 위해서 그렇게 한다고 합니다. 또는 교회를 조용히 다니고 싶다고 하면서 일체 성도들과 관계를 맺지 않는 분들도 있습니다. 다 교회가 무엇인지 모르고 하는 말과 행동입니다. 고린도 교회는 예수파 바울파 등등

으로 나눠져 있음에도 자신들은 예수를 잘 믿는다고 주장하였습니다. 그런데 고린도전서 3장 17절에는 이렇게 그들을 판단합니다. **"누구든지 하나님의 성전을 더럽히면 하나님이 그 사람을 멸하시리라. 하나님의 성전은 거룩하니 너희도 그러하니라."** 하나님의 성전은 교회를 말합니다. 그들은 실상 교회를 깨뜨리고 있었던 것입니다. 그들은 교회를 모르고 있는 것이지요. 우리는 지금 교회가 무엇인지를 하나씩 알아가고 있습니다. 우리가 교회이기에 이 문제는 신앙의 사활이 달린 문제입니다.

이 주 전에 우리는 주님께서 십자가를 지신 궁극적인 목적이 이 땅에 교회를 세우기 위함이라고 들었습니다. 지난주에는 믿음 공동체인 교회가 곧 하나님이 계신 집이라는 말씀을 들었습니다. 오늘 본문은 교회가 하나님의 집이라고 하면 그럼 우리는 누구이며 우리의 사명은 무엇인가? 거기에 대한 답을 줍니다.

먼저 우리는 누구입니까? 19절입니다. **"그러므로 이제부터 너희는 외인도 아니요 나그네도 아니요 오직 성도들과 동일한 시민이요, 하나님의 권속이라."** 교회는 하나님이 아버지로 계신 집이기에 우리는 '하나님의 권속' 곧 '하나님의 집안 식구'입니다. 집안 식구 중에서도 우리는 형제자매 동기간입니다. "우리는 한 집안 식구다!" "우리는 동기간이다!" 우리는 서로를 그렇게 봐야 합니다. 그럼 하나님의 집인 우리는 당연히 어떻게 살아야 합니까?

먼저 우리는 하나님의 권속으로 살아야 합니다.

함께 아버지를 온전히 섬기면서 무엇보다 우리는 동기간으로 살아야 합니다. 동기간으로 사는 것은 우애하면서 사는 것입니다. 우애는 서로 돌봐주면서 세워주는 것을 말합니다. 그것이 하나님의 집에서의 생활입니다. 오산에 잠깐 다니러 온 성도가 우리와 함께 예배를 드린다고 생각해 봅시다. 제가 우리 성도 중 한 분이 개업을 했다고 광고를 합니다. 그 성도는 귀담아들을까요? 제가 성도 중 한 분이 중태여서 기도 부탁을 합니다. 그 성도가 집에 돌아가서 중태인 성도를 생각하며 기도할까요? 성도 한 분이 시험 들어서 예배에 나오지 않고 있습니다. 외지의 성도가 관심을 둘까요? 그렇지 않을 겁니다. 그분은 우리와 함께 예배만 드릴 따름이지 지나가는 나그네요, 외인입니다. 우리 교회의 권속이 아니기 때문입니다.

콩자루 교회가 있습니다. 콩의 껍질은 단단합니다. 모여 있어도 붙어있지 않습니다. 그렇듯이 1,000명의 성도가 여기서 예배를 합니다. 콩자루 교회는 서로 관심이 없습니다. 다른 성도와 어떤 관계도 갖지 않습니다. 개인적입니다. 예배를 마치고 나가면 그것으로 끝입니다. 같은 집안 식구라면 서로 관심이 없을 수 없습니다. 가령, 믿지 않는 남편을 간신히 설득해서 예배에 데리고 오면 노심초사합니다. 말씀은 잘 들리는지, 어떤 반응을 보일지... 옆에서 초조한 마음으로 예배합니다. 그런 콩자루 교인은 나의 셀 식구가 나왔는지, 옆의 성도가 은혜를 받는지 상관이 없습니다. 그냥 나 홀로 예배합니다. 나가서는 전혀 관계없이 살아갑니다. 하나님의 집이 아닌 것이지요. 막대기 교회도 있습니다. 하나님과 나와의 관계만 중요합니다. 나만 은혜를 받으면 됩니다. 나만 기도응답을 받으면 됩니다. 나만 잘되면 됩니다. 옆의 성도는 상관 없습니다. 성도들과 얽히는 것이 싫습니다. 어느 누구도 나에게 관심을 갖지 말기를 바라며, 나 또한 관심을 두지 않습니다. 그것은 하나님의 집으로서 교회가 아닙니다. 물론 물리적으로 우리가 백 명, 천 명을 어떻게 관심 쏟을 수 있습니까? 그러나 권속임을 알면, 우리는 조금이라도 내 형제, 자매들을 돌보며 세우려고 할 것입니다. 지난 번 주일학교에서 자녀들 대상으로 예수를 영접하는 공부를 할 때, 여러 성도들이 새벽에 나와 셀 식구들의 자녀를 위해 기도하였습니다. 교육담당 사역자들은 주중에 자녀들에게 전화를 걸어 기도해 주었습니다. 권속으로 생활하는 모습이지요. 권속으로 생활하면 모르는 성도이지만 상을 당하면 위로해 주려고 할 것입니다. 좋은 일이 있으면 축하해 주려고 할 것입니다.

우리가 권속임을 더 깊이 깨달으면 많은 아빠들이 가족들을 위해 일을 한다고 말을 하는 것처럼 우리는 공동체를 위해 살려고 합니다. 에스더서에 이런 내용이 있습니다. 메데 바사의 하만이란 자가 총리가 되면서 왕의 허락을 받아 그 나라에 있는 모든 유다인을 죽이라고 칙령을 내렸습니다. 그때 왕궁의 수문장으로 있는 유다인인 모르드개가 자신의 조카 에스더에게 사람을 보냅니다. 이때 에스더는 왕후가 되어 있었습니다. 왕후니까 네가 왕에게 나아가서 이 사정을 아뢰고 그 칙령을 철회하도록 해야 하지 않느냐고 이야기합니다. 에스더가 답장을 합니다. 왕의 허락 없이 왕에게로 가면 누구든지 죽임을 당하는데 왕이 자신을 부르지 않은 지가 한 달이 되었고 언제 부를지 몰라서 자신은 어떻게 할 도리가 없다는 것이지요. 그 말을 들은 모르드개가 이런 말을 합니다. 에스더 4장 14절입니다. **"이때에 네가 만일 잠잠하여 말이 없으면 유다인은 다른 데로 말미암아 놓임과 구원을 얻으려니와 너와 네 아버지 집은 멸망하리라 네가 왕후의 위를 얻은 것이 이때를 위함이 아닌지 누가 알겠느냐"** 무슨 말입니까? 하나님께서 너를 왕후 자리에 오르게 한 까닭은 유다인을 구원하기 위함이라는 것입니다. 즉 너는 너의 형제들을 살리기 위해 하나님께서 그 자리에 앉혔다는 것이지요. 권속으로 살라는 것이지요. 그러자 에스더는 '죽으면 죽으리이다'라는 유명한 말을 하며 왕에게로 나아갑니다.

우리가 한 권속임을 알게 되면, 내가 하나님의 축복을 받았을 때, 사업이 안정이 되며 부해질 때 어떻게 생각해야 합니까? '하나님의 집인 교회를 위해서 나를 잘되게 하였구나'라고 생각해야 합니다. 아버지가 여러 형제 중에서 나에게 재능이 있음을 보고 사업을 나에게 물려주었습니다. 그럼 당연히 그 사람은 자신의 형제를 생각하는 것이 마땅합니다. 우리는 하나님의 집이기에 하나님의 집안 식구로 살아야 합니다.

둘째, 우리는 하나님의 집이기에 우리의 사명은 집을 짓는 일입니다.

어떤 가정은 도무지 집답지 않습니다. 어떨 때 그렇습니까? 아버지의 말을 자식들이 도무지 듣지 않습니다. 자식은 아버지를 전혀 존중하지 않습니다. 형제간에는 우애가 없이 자신의 이익만을 찾습니다. 다 자기 인생만 중요하게 여깁니다. 그런 집을 볼 때, 우리는 '집안 꼴좋다!'고 혀를 찹니다.

우리가 하나님의 집이기에 우리의 가장 큰 사명은 실제적인 하나님의 집이 되는 일입니다. 모든 가정이 가정다운 가정이 아니듯이 모든 교회가 하나님이 실제로 사시는 교회가 아닙니다. 요한계시록에 라오디게아 교회가 있습니다. 차지도 덥지도 않은 교회로 알려져 있습니다. 그래서 주님이 이런 말씀을 합니다. 요한계시록 3장 20절입니다. **"볼지어다 내가 문밖에 서서 두드리노니 누구든지 내 음성을 듣고 문을 열면 내가 그에게로 들어가 그와 더불어 먹고 그는 나와 더불어 먹으리라"** 라오디게아 교회는 겉으로는 분명히 하나님의 집인데 하나님이 살고 계시지 않았습니다. 하나님의 집이 아니었습니다.

우리는 실질적으로 하나님이 사시는 하나님의 집을 만들어야 합니다. 어떻게 하면 됩니까? 20절을 봅니다. **"너희는 사도들과 선지자들의 터 위에 세우심을 입은 자라 그리스도 예수께서 친히 모퉁잇돌이 되셨느니라"** 집을 짓는 데 있어 예수가 모퉁잇돌이라고 합니다. 21절을 봅니다. **"그의 안에서 건물마다 서로 연결하여 주 안에서 성전이 되어 가고"** 모퉁잇돌 안에서 우리가 서로 연결되면 됩니다. 여기서 연결된다는 말은 서로 꼭 맞게 짜 맞춰진다는 것이지요.

모퉁잇돌 안에서 서로 짜 맞춰 가는 것은 무엇을 말할까요? 모퉁잇돌은 집을 지을 때 한 모서리에 가장 먼저 위치시키는 돌입니다. 그리고 그 돌을 기준으로 벽을 쌓고 집을 짓습니다. 우리나라도 단층 벽돌집을 지을 때 사실 그렇게 합니다. 한 모서리에 먼저 벽돌을 쌓아 올립니다. 사람 키 높이만큼 쌓아 올린 다음, 그렇게 쌓아 올린 벽돌 두 개 정도의 높이에 못을 박고 실을 매어 다른 모서리에 수평으로 줄을 칩니다. 그리고 그 줄 높이를 보면서 벽돌을 쌓아 올립니다. 모퉁이 돌은 그 집의 모양과 크기를 결정하는 돌입니다.

우리 한 사람 한 사람이 벽돌입니다. 우리 모두가 모퉁잇돌 즉 예수 그리스도를 기준으로 연결되는 것입니다. 서로 한 집안 식구로 보되 예수 그리스도를 기준으로 상대방을 대하는 것입니다. 그러면 연결이 됩니다. 예를 듭니다. 성격이 급한 사람이 있습니다. 느긋한 사람도 있습니다. 두 사람이 함께 일을 합니다. 일이 됩니까? 잘 안 됩니다. 급한 성격은 느리게 하는 사람을 보면서 속 터져합니다. 반대로 느린 사람은 일을 급하게 하는 사람을 보면서 버거워합니다. 따라가지를 못하니까요. 그래서 두 사람은 일을 왜 그렇게 하느냐면서 서로 상대방을 공격할 수도 있고, 함께 있는 것을 꺼려합니다. 서로 떨어지는 것이지요. 그럼 하나님의 집이 안 됩니다. 그런데 주님을 바라봅니다. 자신을 파는 제자를 끝까지 사랑하신 주님을 바라보니까 용납이 됩니다. 서로 인정이 됩니다. 그러자 다른 생각이 듭니다. '저 사람이 저렇게 일을 조급하게 하니까 일이 그래도 이뤄져!' 조급하게 일을 하는 사람은 여유 있게 하는 사람을 보면서, '저 사람이 저렇게 여유를 가지니까 그래도 한 번 생각할 수 있고, 일이 정확하게 이뤄지지 않느냐?' 서로 필요한 사람이 되면서 두 사람이 연결되는 것이지요. 그때 하나님의 집이 만들어집니다. 성도의 결함을 보더라도 주님을 바라보면서 그를 봅니다. 주님을 바라보지 않으면 그를 비판합니다. 그때 나는 그와 떨어집니다. 그러나 주님을 보면, 주님이 날 용납하신 것을 알기에 그를 위해 기도하게 됩니다. 그때 그는 자신 안에 들어온 것이며 서로 연결된 것입니다. 하나님의 집이 되는 것이지요.

하나님의 영원한 목적은 교회를 하나님의 집으로 삼아 하나님이 우리와 함께 사는 것입니다. 우리가 교회입니다. 우리의 가장 큰 사명은 우리가 하나님의 집이 되도록 하는 일입니다. 교회가 많은 일을 하는 것도 중요합니다. 그러나 우리의 더 큰 관심은 그 일을 하면서도 우리가 하나님의 집으로 만들어져야 한다는 것입니다. 그것이 없으면 아무런 소용이 없습니다. 우리가 하나님의 집이 되는 일을 사명으로 삼고 서로 권속으로, 예수를 기준으로 우리가 서로 연결될 때, 우리는 절대 잘못되지 않습니다. 하나님의 궁극적인 목적은 교회를 하나님의 집으로 세우는 일이기 때문입니다. 왜 그런지는 다음 시간에 말씀을 드리겠습니다. 오늘 말씀이 깨달아지기를 축복합니다.

14
교회에는 하나님의 지혜가 나타나야 합니다

14
교회에는 하나님의 지혜가 나타나야 합니다

에베소서 3:1~8

1 이러므로 그리스도 예수의 일로 너희 이방인을 위하여 갇힌 자 된 나 바울이 말하거니와 2 너희를 위하여 내게 주신 하나님의 그 은혜의 경륜을 너희가 들었을 터이라 3 곧 계시로 내게 비밀을 알게 하신 것은 내가 먼저 간단히 기록함과 같으니 4 그것을 읽으면 내가 그리스도의 비밀을 깨달은 것을 너희가 알 수 있으리라 5 이제 그의 거룩한 사도들과 선지자들에게 성령으로 나타내신 것 같이 다른 세대에서는 사람의 아들들에게 알리지 아니하셨으니 6 이는 이방인들이 복음으로 말미암아 그리스도 예수 안에서 함께 상속자가 되고 함께 지체가 되고 함께 약속에 참여하는 자가 됨이라 7 이 복음을 위하여 그의 능력이 역사하시는 대로 내게 주신 하나님의 은혜의 선물을 따라 내가 일꾼이 되었노라 8 모든 성도 중에 지극히 작은 자보다 더 작은 나에게 이 은혜를 주신 것은 측량할 수 없는 그리스도의 풍성함을 이방인에게 전하게 하시고

축구를 좋아하는 사람들이 이른 아침에 학교 운동장에 모였습니다. 무엇이라고 부릅니까? 축구 동우회입니다. 그들이 모여 있는 장소인 초등학교를 보고 그렇게 부르지 않습니다. 그곳에 모인 그들을 보고 그렇게 부릅니다. 그들이 다른 곳에 그렇게 모여 있어도 그들은 여전히 축구 동우회로 불립니다. 그렇듯이 하나님을 아버지라 부르며, 예수를 주라고 부르는 사람들이 모였습니다. 그렇게 모인 사람들을 무엇이라고 부릅니까? 교회입니다. 주님이 십자가를 지신 목적은, 나를 구원하신 목적은 무엇입니까? 우리를 교회로 만들기 위함입니다. 특별히 우리를 기쁨의 교회로 불렀습니다. 여러분 아십니까? 내가 기쁨의 교회와 결혼했다는 것을.

오늘 말씀은 '하나님께서 왜 이 땅에 자기가 죽고 예수를 주로 믿는 사람들을 모아 교회를 만들었을까'에 대한 답입니다. 답은 무엇입니까? '하나님의 지혜를 드러내게 하기 위해서'입니다. 우리를 교회로 모이게 한 데에는 하나님의 깊은 지혜가 숨겨져 있다는 것입니다. 바울은 하나님께서 자신을 왜 일꾼 삼았느냐를 밝히면서 먼저는 그리스도를 전하게 하기 위함이며(에베소서 3장 8절) 둘째는 9절에서 밝힙니다. **"영원부터 만물을 창조하신 하나님 속에 감추어졌던 비밀의 경륜이 어떠한 것을 드러내게 하려 하심이라."** 하나님의 비밀의 경륜을 보여주는 것이라고 합니다. '경륜'은 어떤 일을 운영하는데 있어 계획적으로 잘하는 것을 말합니다. "경륜 있는 저를 뽑아주세요"라고 말할 때, 그것은 곧 "일을 운영함에 있어서 나름 계획을 가진 저를 뽑아 주세요"라는 말입니다. 경륜은 그 사람의 운영 계획을 말합니다. 비밀의 경륜은 하나님이 가지신 하나님 나라의 운영 계획을 말합니다. 그 경륜을 바울은 계시로 알았습니다. 10절에 나옵니다. **"이는 이제 교회로 말미암아 하늘에 있는 통치자들과 권세들에게 하나님의 각종 지혜를 알게 하려 하심이니"** 여러분들이 한번 찾아보시기 바랍니다. 바울을 통하여 알려진 하나님 나라의 운영계획은 다름 아닌 교회를 통하여 하나님의 지혜를 보여주는 것입니다. 그것은 곧 하나님의 영원전의 계획이었습니다. 11절입니다. **"곧 영원부터 우리 주 그리스도 예수 안에서 예정하신 뜻대로 하신 것이라"** 그럼 교회를 통하여 나타난 하나님의 지혜는 무엇일까요? 크게 세 가지인데 오늘은 두 가지만 말씀을 드립니다.

첫째, 우리를 교회되게 하여 천국의 기쁨을 누리게 하기 위해서입니다.

하나님께서 삼위 하나님의 '우리'를 본 따서 아담과 하와를 만드시고 에덴이란 동산에서 살도록 하셨습니다. 그리고 하나님이 그곳에 함께 하셨습니다. 에덴의 의미는 '영광스러운 기쁨'입니다. 왜 그 이름을 붙였을까요? 아담과 하와와 함께 하나님이 계셨다는 것은 곧 그곳이 천국이라는 말입니다. 천국에는 무엇이 가득합니까? 기쁨입니다. 교회는 하나님이 거처하시는 곧 하나님의 집입니다. 우리는 하나님의 집이기에, 우리는 천국의 기쁨, 곧 영광스러운 기쁨을 누려야 합니다.

오늘날 많은 성도들은 교회에서 기쁨을 누리기보다 힘듦을 토로합니다. 무언가 잘못되었습니다. 왜 이렇게 되었을까요? 먼저 아서야 할 것은 '천국의 기쁨'은 사람들이 흔히 말하는 기쁨이 아닙니다. 사람들은 언제 기뻐합니까? 수고한 것을 성취하였을 때 즉 노력해서 합격하고, 돈을 모아 내 집을 마련하며, 땀 흘려 곡식을 수확하였을 때입니다. 또는 육체적인 만족을 누릴 때입니다. 자신이 갖고 싶은 것을 갖고, 자신의 정욕을 채우며 이생의 자랑거리를 얻었을 때입니다. 천국의 기쁨은 그런 기쁨이 아닙니다. 솔로몬의 전도서는 기쁨을 얻기 위하여 우리가 무엇을 해야 하나 라는 문제에 대한 답을 찾는 내용입니다. 그는 기쁨을 얻기 위해서 모든 것을 다 해 보았습니다. 수고하여 일을 성취도 하였고, 자신의 마음이 충족되도록 모든 것을 가져보았습니다. 육체적인 쾌락을 다 즐겨 보았습니다. 그런데 답이 무엇입니까? 그때뿐이더라는 것입니다. 일을 성취하고, 즐길 때, 그때는 기뻤는데 그런데 시간이 지나면서 또다시 마음이 허망해지면서 더 갈망만 일어나더라는 것입니다. 그래서 모든 것이 헛되다고 합니다. 그런데 하나님을 경외하였을 때 그렇지 않더라는 것입니다. 그때 그의 심령은 만족함이 넘치는 참된 기쁨을 얻었다는 것이지요.

이게 무슨 말이냐 하면, 에덴의 기쁨은 주님으로부터 오는 기쁨입니다. 그 기쁨을 세상의 기쁨과 구별해서 영광스러운 기쁨으로 이야기하는 것입니다. 예를 들면, 우리가 기도를 힘껏 합니다. 그때 나를 위해 죽으신 주님의 사랑이 깨달아집니다. 또는 예수 그리스도가 선하신 목자인 고로 나를 반드시 인도하실 것임이 그것도 나에게 더 좋은 방향으로 끌어 주심을 깨닫게 됩니다. 그럼 어떻습니까? 마음에 감격과 기쁨이 일어납니다. 지금 앞뒤가 막혀서 기도하고 있는 중인데 기쁨이 일어납니다. 살 소망이 없어져서 기도하는데 기쁨이 일어납니다. 일이 성취되고, 내 정욕이 채워져서 얻는 기쁨이 아닙니다. 주님으로부터 온 기쁨 곧 영광스러운 기쁨입니다.

앞에서 하나님의 집이 되어야 한다고 말을 했는데 어떻게 해야 하나님의 집으로 지어진다고 하였습니까? 주님을 모퉁잇돌로 삼아 우리가 서로 연결되는 것이라고 하였습니다. 그 말의 구체적인 의미는 주님을 바라보면서 서로 관계를 맺는 것입니다. 주님을 생각하면서 참고, 주님을 생각하면서 용납하고, 세워주며, 격려합니다. 내 감정, 내 생각대로 너와 관계를 맺지 않고 주님의 생각, 주님의 마음을 가져와 너와 관계를 맺습니다. 내가 기준이 아니고 주님이 기준입니다. 그런데 나만 그렇게 합니까? 상대방도 그렇게 합니다. 그럼 서로 참게 됩니다. 서로 용납하게 됩니다. 서로 세워주며, 서로 돌보며, 서로 격려하며, 서로 복종하며, 서로 존중합니다. 서로 그렇게 하는 것은 우리가 주님을 사랑하기 때문입니다. 그럼 어떤 일이 일어납니까? 베드로전서 1:8절입니다. **"예수를 너희가 보지 못하였으나 사랑하는도다. 이제도 보지 못하나 믿고 말할 수 없는 영광스러운 즐거움으로 기뻐하니"** 주님을 사랑하기에 거기에는 주님으로부터 오는 영광스러운 기쁨이 있습니다. 또 그렇게 사는 방식은 삼위 하나님의 방식입니다. 삼위 하나님은 서로 순종하십니다. 예수님은 하나님 아버지를 사랑하십니다. 삼위 하나님은 서로 사랑하십니다. 서로 존중하십니다. 우리가 서로 함께 하면 삼위 하나님 안에서 서로로부터 기쁨을 얻습니다.

가정도 교회입니다. 그런데 부부는 성격뿐 아니라 신앙의 수준도 다릅니다. 그것은 제 배에서 태어난 자녀들도 마찬가지입니다. 그러나 예수 그리스도를 중심에 놓고 서로 관계를 맺으면, 우리는 서로로부터 영광스러운 기쁨을 얻습니다. 하나님이 왜 우리를 교회가 되도록 하였을까요? 삼위 하나님의 기뿜, 곧 천국의 기쁨을 누리게 하도록 교회를 만드셨습니다. 하나님의 지혜인 것입니다.

둘째, 교회를 통하여 세상에 예수 그리스도가 흘러가도록 하기 위함입니다.

스데반의 설교를 보면 광야의 이스라엘 백성을 교회라고 지칭합니다. 하나님께서 이스라엘을 가나안 땅으로 인도하여 들이신 까닭이 어디에 있을까요? 가나안 경계에는 두로 시돈 암몬 모압 에돔 블레셋 등이 붙어 있고 위로는 큰 대국들이 서로 세계의 패권을 차지하기 위해 기회를 노리고 있었습니다. 왜 하나님께서는 그 많은 족속과 대국들의 중앙에 이스라엘 즉 교회를 두었을까요? 다름 아닌 하나님을 전하기 위함이었습니다.

하나님은 이스라엘 왕에게 세 가지를 두지 말라고 합니다. 첫째, 은과 금을 많이 쌓아두지 말라. 둘째 병거를 많이 두지 말라. 셋째, 아내들을 많이 두지 말라. 이게 다 무슨 이야기입니까? 은과 금, 병거는 경제력과 군사력입니다. 그게 있어야 나라가 안전합니다. 또 나라가 안전하려면 다른 나라의 공주들을 자신의 아내로 삼으면 동맹국을 얻게 됨으로 힘이 됩니다. 그런데 그것들을 두지 말라고 합니다. 그럼 그 나라가 어떻게 유지됩니까? 하나님께서는 오로지 하나님만 경외하라고 합니다. 그럼 하나님이 지켜 주신다는 것이지요. 실제로 이스라엘 역사에 히스기야 왕은 하나님만을 의지하고 앗수르를 물리쳤습니다. 그러자 어떤 일이 일어났습니까? 역대하 32장 22, 23절입니다. **"이와 같이 여호와께서 히스기야와 예루살렘 주민을 앗스르 왕 산헤립의 손과 모든 적국의 손에서 구원하여 내사 사면으로 보호하시매 여러 사람이 예**

물을 가지고 예루살렘에 와서 여호와께 드리고 또 보물을 유다 왕 히스기야에게 드린지라 히스기야가 모든 나라의 눈에 존귀하게 되었더라" 주변의 나라와 족속들이 히스기야만 보지 않고 하나님을 봅니다. 하나님께 선물을 가져오지 않습니까? 하나님의 이름이 드러나는 것입니다.

여러분들이여, 기적 중의 기적은 이방인과 유대인이 한 공동체가 되는 것입니다. 유대인은 이방인의 집에 절대 들어가지 않습니다. 둘은 서로를 멸시하였고 원수였습니다. 그런데 이들이 한 형제가 되어 동기간의 사랑을 합니다. 문화와 사상과 생각 등등 모든 것이 180도 다른 그들이 다툼 없이 화해를 이루고 일치를 이루며 평안 가운데 살아갑니다. 그들이 그렇게 살아갈 수 있는 까닭을 가만히 보니 그들이 주님을 중심으로 살기 때문입니다. 그럼 사람들은 그들을 보면서 그들에게 하나님이 실제 그들의 아버지 하나님임을, 그들에게 예수는 실제 살아계신 주님이심을 인정하게 됩니다. 초대 교회가 실제 그렇게 서로를 위해 살았습니다. 그러자 이방인들의 입에서 어떤 말이 나왔습니까? 너희들은 그리스도인이라는 것입니다. 이 말은 '너희들은 그리스도에게 속한 사람이구나!'라는 말입니다. 이방인들이 보기에 그들이 그렇게 하는 것은 다 그리스도 때문임을 알았던 것입니다. 원수 같은 그들의 서로 돌보는 모습을 통하여 그리스도가 이방인들에게 흘러 들어간 것입니다.

사실 여기에 모인 우리 또한 서로 맞는 것이 없습니다. 모든 것이 차이가 납니다. 성격, 사는 모양, 지식, 사회적 위치 등등 세상적으로 모이면 분명히 갈등하며 살 것이 뻔한 우리들입니다. 그런데 우리가 이곳에서 주님을 생각하며 서로 돌봄과 사랑을 베풀며 화평한 가운데 살아갑니다. 우애 깊게 살아갑니다. 기쁘게 살아갑니다. 그런 우리들을 볼 때 사람들은 누구 때문이라고 합니까? 우리의 성격이 좋아서 그렇다고 말을 합니까? "예수 믿으니까 다르네!" 라고 합니다. 예수 때문인 줄 아는 것이지요. 우리의 모습을 보면서 그들은 예수를 보게 되고 그들의 심령에 예수가 흘러 들어갑니다. 하나님은 우리의 관계를 통하여 세상에 주님이 흘러들어가도록 우리를 교회가 되게 하신 것이지요. 하나님의 지혜입니다.

  우리가 하나님의 지혜로 교회가 되었으니 먼저 우리를 통하여 하나님의 지혜가 드러나야 합니다. 주님을 사랑하며 서로 관계를 맺어 나감으로 영광스러운 기쁨을 누리며 그런 우리 모습을 통해 세상에 주님이 흘러가도록 해야 합니다. 그것이 우리의 신앙생활이며 동시에 주님의 나라를 구하는 일입니다. 우리가 그 일을 먼저 힘쓰면 주님은 반드시 내 주가 되셔서 먼저 주님의 나라를 구하는 종들에게 내가 너희 삶을 지켜 주시겠다는 그 말씀을 반드시 이루실 것입니다. 하나님이 아버지가 되셔서 내 삶에 은혜를 주실 것입니다. 그럼 우리는 영육 간에 축복을 받는 인생이 되는 것이지요. 하나님의 지혜가 우리 교회를 통하여 점점 더 많이 드러나는 역사가 있을 줄 믿습니다.

15
우리 교회 보고 예수 믿으세요!

15
우리 교회 보고 예수 믿으세요!

에베소서 3:9-13절

9 영원부터 만물을 창조하신 하나님 속에 감추어졌던 비밀의 경륜이 어떠한 것을 드러내게 하려 하심이라 10 이는 이제 교회로 말미암아 하늘에 있는 통치자들과 권세들에게 하나님의 각종 지혜를 알게 하려 하심이니 11 곧 영원부터 우리 주 그리스도 예수 안에서 예정하신 뜻대로 하신 것이라 12 우리가 그 안에서 그를 믿음으로 말미암아 담대함과 확신을 가지고 하나님께 나아감을 얻느니라 13 그러므로 너희에게 구하노니 너희를 위한 나의 여러 환난에 대하여 낙심하지 말라 이는 너희의 영광이니라

커튼으로 창문이 가려져 있으면 밖을 보지 못합니다. 하나님께서는 그렇게 닫혔던 커튼을 열어젖히시어 새로운 것을 보게 하십니다. 이것을 계시라고 합니다. 하나님이 바울에게 무엇을 보여주신 것입니까? 하나님의 영원한 목적은 교회임을 그리고 교회를 통하여 하나님의 지혜가 드러남을 보여 주었습니다. 우리는 지난 시간에 하나님의 지혜가 무엇인지 보았습니다. 첫째는 구

원을 받은 백성들이 교회를 통하여 천국 기쁨을 누리는 것이며, 둘째는 교회를 통해 세상에 그리스도를 알리는 것이었습니다.

오늘은 교회를 통해 드러난 세 번째 하나님의 지혜를 보려고 합니다. 그것은 교회를 통해 온 땅이 하나님 나라가 되는 것입니다.

하나님께서 아담과 하와를 만드신 다음에 그들에게 한 가지 사명을 주었습니다. 창세기 1장 28절입니다. **"하나님이 그들에게 복을 주시며 하나님이 그들에게 이르시되 생육하고 번성하여 땅에 충만하라, 땅을 정복하라"** 생육하라는 말은 자식을 많이 낳으라는 말입니다. 번성하라는 말은 그 자식을 잘 키우라는 말입니다. 땅에 충만하라는 말은 자식을 시집 장가 잘 보내라는 말입니다. 땅을 정복하라는 말은 옛날 방영된 '꽃피는 팔도강산'이란 드라마를 통하여 설명할 수 있습니다. 아버지 김희갑 씨의 자녀들이 여덟 명인데 그들이 시집 장가가서 전국 팔도에 살았습니다. 김희갑 씨의 가문이 전국에 흩어진 것이지요. 그렇듯이 아담의 자손들이 그렇게 온 땅에 가정을 이루며 사는 것, 그것이 땅을 정복하라는 말입니다. 한편으로 보면 아들 딸 많이 낳고 잘 키워 시집 장가 잘 보내는 것은 모든 사람의 바람입니다. 그것을 굳이 사명으로 줄 필요가 있느냐는 의문이 듭니다.

그러나 이 말은 그런 뜻이 아닙니다. 아담과 하와는 어떤 가정입니까? 삼위 하나님 공동체를 본 따 만든 공동체입니다. 아담과 하와는 하나님을 아버지로 모시고 사는 공동체, 신약적 개념으로 말하면 교회입니다. 하나님이 아담과 하와에게 주신 사명은 교회에 주신 사명입니다. 그렇기에 창세기 1장 28

절은 이런 의미입니다. 아담과 하와가 자녀를 많이 낳고 번성 즉 자녀를 잘 키운다는 말은 자녀들을 삼위 하나님 공동체의 모습으로 살도록 만드는 것을 말합니다. 자녀를 어떻게 그렇게 살도록 할 수 있습니까? 아담과 하와가 그 모습 즉 삼위 하나님 공동체의 모습을 보여주는 것입니다. 삼위 하나님처럼 한 몸이 되어 서로 사랑하며, 서로 세워주며, 서로 존중하며, 서로 격려하며, 서로 복종하며 살아가는 것이지요. 그럼 자녀들은 그 모습을 보면서, "아, 우리도 저렇게 살아야 하는구나"를 깨닫고 그렇게 살아갑니다. 이것이 자녀를 잘 키우는 것이지요. 그렇게 자란 자녀가 결혼해서 아담과 하와와 같은 가정을 이룹니다. 그런 가정이 많이 퍼집니다. 이것이 땅에 충만하라는 의미입니다. 그런 식으로 가정이 계속 늘어납니다. 그럼 온 땅에 모든 가정이 하나님을 아버지로 모시고 살아갑니다. 그럼 온 땅이 하나님 나라가 됩니다. 이것이 땅을 정복하라는 말입니다.

그런데 아담과 하와 가정이 죄로 인해 파괴가 되었습니다. 서로 원망하며, 살인을 하는 자기가 주인이 되어 살므로 전혀 삼위 하나님의 모습을 보여주지 못하는 그런 가정이 되었습니다. 이제 가정적으로는 하나님이 사람을 만든 목적을 수행할 수가 없게 되었습니다. 그래서 하나님께서는 자신의 아들 예수를 보내어 예수를 믿게 함으로 예수를 주인으로 받아들이게 하였습니다. 그런 자들을 불러 모아 교회를 세운 것이지요. 이제 교회를 통하여 아담과 하와에게 준 그 명령을 지키도록 하였습니다.

그렇기에 '생육하라'는 말은 전도하라는 말입니다. 가서 사람들을 교회로 데

려와서 예수를 영접하도록 하는 것입니다. 곧 아이를 낳는 것이지요. 많은 아이들이 세례를 받았습니다. 그것도 생육한 것이지요. 그래서 교회는 반드시 전도해야 하며, 세례를 주어야 합니다. 그런 다음 그를 키워야 합니다. 어떻게 키웁니까? 교회가 예수 그리스도를 주로 모시고 서로 사랑하며 세워주며 살아가는 하나님 나라의 모습, 삼위 하나님 공동체의 모습을 보여주는 것입니다. 그러면 새가족은, "아, 저렇게 살아야 하는구나!", "주님을 진정 주인으로 삼고 살아야 하는구나"라고 생각하면서 그들 또한 그렇게 살려고 할 것입니다. 이것이 곧 창세기에서 말하는 번성입니다. 그런 가운데 그 사람이 자신의 가정에 가서 배우자에게, 자녀들에게 그렇게 대합니다. 주님을 주인으로 삼고 어떻게든 그를 세워주며 존중하며 순종하며 살아가려고 합니다. 그럼 그곳에 무엇이 일어납니까? 하나님 나라가 일어납니다. 그것이 땅에 충만한 것이 되는 것입니다. 계속 교회가 그 일을 하면, 즉 전도(생육)하여 삼위 하나님 공동체를 보여주며 양육하여(번성) 그들이 있는 곳에서 그렇게 살아가며, 그리고 믿는 자들이 다 그렇게 살아갈 때(땅에 충만) 온 땅은 하나님 나라가 됩니다(땅을 정복). 이런 방법으로 하나님은 교회를 통해 땅을 하나님 나라로 만들려고 한 것입니다. 예수님께서 마지막 승천하시기 전 제자들을 향하여 하신 말씀도 바로 이 말씀입니다. 제자들은 교회이기에 교회를 향하여 하신 말씀이지요. **"그러므로 너희는 가서 모든 민족으로 제자를 삼아(땅에 충만, 땅을 정복) 아버지와 아들과 성령의 이름으로 세례를 베풀고(생육) 내가 너희에게 분부한 모든 것을 가르쳐 지키게 하라(번성) 내가 세상 끝 날까지 너희와 항상 함께 있으리라 하시니라"** 교회의 사명은 전도하고 양육하여 그들에게 삼위 하나님의 공동체의 삶을 심어주어 그들이 있는 모든 곳에서 그렇게 살도록 하는 것입니다. 그래서 우리 교회의 영구 표어가 "온 땅에 교회를 우리 같은 교회를"입니다.

이 말씀을 통해 우리는 주님이 주시는 두 가지 진리를 깨닫습니다.

첫째, 우리가 진정 교회라면 우리 교회를 보고 예수를 믿어라고 말할 수 있어야 합니다.

사람들에게 교회 가자고 하면 어떤 사람들은 믿는 자들이 더 다투고 더 이기적이어서 자신은 교회 다닐 마음이 없다고 말을 합니다. 그때 우리들은 주로 어떻게 말합니까? "야, 사람 사는 곳은 다 그렇지 않냐? 세상 모든 곳을 봐! 나눠지고 다투지 않는 곳이 어디 있어? 너는 가정에서 부인하고 다투지 않아, 너는 회사에서 사람들과 다투지 않아, 교회에는 이런저런 사람들이 다 모여 있는데 어떻게 다투지 않을 수 있냐? 교회는 사람보고 믿는 곳이 아니라 예수만을 보고 믿는 곳이야"라고 합니다. 여러분들이여, 하나님의 의도는 그것이 아닙니다. 에베소서 3장 10절입니다. **"이는 이제 교회로 말미암아 하늘에 있는 통치자들과 권세자들에게 하나님의 각종 지혜를 알게 하려 하심이니"** 교회를 통해 하나님의 지혜가 알려져야 합니다. 그렇기에 우리는 어떻게 말을 해야 합니까? '와서 우리 교회를 보면 예수가 살아 있는 곳을 알거야!' '와서 우리를 보면, 살아계신 예수를 만날 수 있어!' '우리 교회를 보고 예수를 믿어' 이것입니다.

또한 교회는 주님이 거처를 정하신 곳 성전입니다. 진정한 교회가 되면 우리는 함께 예배하고, 함께 기도하며, 함께 봉사하면서 우리 가운데 계신 하나님 아버지를 만납니다. 그렇기에 우리는 하나님 아버지를 만난다는 담대함과 확신이 있어야 합니다. 이것이 12절입니다. **"우리가 그 안에서 그를 믿음으로 말미암아 담대함과 확신을 가지고 하나님께 나아감을 얻느니라."** 그렇기에 우리는 '우리와 함께 예배하면 하나님을 만날 수 있어! 우리와 함께 기도하면 하나님을 만날 수 있어!'라며 외쳐야 합니다.

둘째, 모이기를 힘써야 합니다.

코로나가 심해지면서 국가에서는 비대면 예배를 드리라고 합니다. 물론 지난 주중에 그 지침이 변경되어서 소수이지만 모여서 예배할 수 있도록 허용을 하였습니다. 우리는 비대면 예배, 즉 교회가 아닌 집에서 영상으로 드리는 예배를 자연스럽게 받아드립니다. 그러나 이 말이 얼마나 무서운 말인지 아셔야 합니다. 성도들이 모이지 않으면 교회는 교회가 안 됩니다. 비대면 예배를 드리라는 말은 극단적인 표현을 사용하면 '교회는 필요 없다'는 것입니다. 비대면 예배를 이야기하는 정치인들이나 관리들은 사실 교회가 무엇인지 아는 사람이 없습니다. 지난해 대통령이 종교 지도자들과 간담회를 할 때 부득불 비대면 예배를 드릴 수밖에 없음을 이야기하면서, '지금 이때는 마음의 평안이나 위로도 중요하지만, 국민 건강이 더 중요합니다.'라고 말씀하셨습니다. 교회를 '좋은 말씀을 듣고 마음의 위로와 평안을 얻는 것' 정도로 여기고 있습니다.

지금 콘서트장이나 극장에서는 방역지침을 지키며 간격을 띄우고 모일 수 있도록 하였습니다. 공무원들은 여전히 옛날과 같은 자리에 앉아 옛날과 같은 간격을 두고 일을 합니다. 그것은 회사에서도 마찬가지입니다. 손영래라는 보건복지부 대변인이 있습니다. 그분이 정식 브리핑이 끝난 다음 백 브리핑에서 이단이 아닌 정상적인 교회에서는 예배하는 가운데 감염된 적은 없었다고 말을 하였습니다. 식사나, 소그룹모임 등으로 인해 감염되었다는 겁니다. 그것을 알고 있으면서도 교회는 비대면으로 예배하라는 것입니다. 형평성에도 어긋납니다만 그렇게 말하는 이면에는 이들이 교회가 무엇인지 도무지 모르고 있기 때문입니다. 물론 그분들이 어찌 그것을 알겠습니까마는 우리는 그들의 그 말이 얼마나 무서운 말인지 아셔야 합니다.

우리는 국가의 말을 따라야 합니다. 그러나 국가를 하나님이 세우셨고, 온 땅은 하나님 앞에 무릎을 꿇어야 합니다. 에베소서 3장 14-15절을 보시기 바랍니다. **"이러므로 내가 하늘과 땅에 있는 각 족속에게 이름을 주신 아버지 앞에 무릎을 꿇고 비노니."** 모든 족속의 이름은 하나님이 주었습니다. 그렇기에 모든 것의 최종 권위는 하나님에게 있습니다. 저와 여러분들이 국가가 지금 비대면으로 모이라고 하는 이 말을 거리낌 없이 받아들여서는 안 됩니다. 영적으로 무서운 말임을 알아야 합니다. 제가 이 말씀을 드리는 까닭은 우리가 방역과 상관없이 모이자는 것이 아닙니다. 우리가 너무 쉽게 비대면 예배를 받아들여서는 안 된다는 말입니다. 모일 수 있는 범위 안에서는 어떻게든 모이려고 힘써야 합니다. 내 신앙을 지키느냐의 차원을 넘어서 하나님의 영원한 목적인 교회를 지키느냐 지키지 않느냐의 문제가 달려 있기 때문입니다. 그래서 히브리서 10장 24절에서는 강력하게 모여야 함을 말씀합니다. **"모이**

기를 폐하는 어떤 자들의 습관과 같이 하지 말고 오직 권하여 그 날이 가까움을 볼수록 그리하자" 하나님은 교회를 세우시려고 나를 불렀습니다. 교회가 있기에 내가 있는 것입니다. 그리고 우리는 교회를 통하여 천국을 누리며 사명을 감당합니다. '내 신앙은 내가 지킨다'가 아닙니다. 교회를 지키지 않으면 내 신앙도 없어집니다. 저와 여러분들이, 이때 교회를 더 깊이 생각하시기를 바랍니다. 왕이신 주님께서 우리를 구원해서 교회가 되게 하였습니다. 우리가 교회가 되었으니 교회의 사명을 감당하며, 교회가 되도록 모이는 일에 힘써야겠습니다.

16
교회적 존재가 되어야 합니다

16
교회적 존재가 되어야 합니다

에베소서 3:14~21

14 이러므로 내가 하늘과 땅에 있는 각 족속에게 15 이름을 주신 아버지 앞에 무릎을 꿇고 비노니 16 그의 영광의 풍성함을 따라 그의 성령으로 말미암아 너희 속사람을 능력으로 강건하게 하시오며 17 믿음으로 말미암아 그리스도께서 너희 마음에 계시게 하시옵고 너희가 사랑 가운데서 뿌리가 박히고 터가 굳어져서 18 능히 모든 성도와 함께 지식에 넘치는 그리스도의 사랑을 알고 19 그 너비와 길이와 높이와 깊이가 어떠함을 깨달아 하나님의 모든 충만하신 것으로 너희에게 충만하게 하시기를 구하노라 20 우리 가운데서 역사하시는 능력대로 우리가 구하거나 생각하는 모든 것에 더 넘치도록 능히 하실 이에게 21 교회 안에서와 그리스도 예수 안에서 영광이 대대로 영원무궁하기를 원하노라 아멘

오늘 본문은 바울이 에베소 성도들을 위해 기도한 내용입니다. 기도의 내용을 보기 전에 그가 기도한 이유를 먼저 보아야 합니다. 14절은 '이러므로'라

는 말로 시작됩니다. 정확히 번역을 하면 '이런 이유 때문에'입니다. 이런 이유는 앞부분 2장 11-22절의 내용이라고 학자들은 대동소의하게 말합니다. 그 부분의 내용은 하나님이 너희를 구원한 까닭은 너희들을 교회 되게 하기 위함이며, 그리고 교회는 예수 그리스도를 중심으로 서로 연결되어 있는 곳, 곧 하나님의 거처가 된다는 것이지요. '이런 이유 때문에'는 '너희들이 온전한 교회, 즉 그리스도를 중심으로 서로 연결되어 하나님의 성전이 되어야 하기 때문에'라는 말입니다. 세상 사람들은 자기 욕심을 이루기 위해 살아가는 자기중심적 존재입니다. 우리는 교회를 이루기 위해 살아갑니다. 우리는 교회적 존재입니다. 그래서 믿는 우리가 있는 곳은 먼저 온전한 교회가 되어야 합니다. 전도회가 체육대회 문제로 모였습니다. 체육대회 계획보다 더 중요한 것은 그들의 모임이 교회가 되는 것입니다. 가정에 집 문제, 자녀 문제, 건강 문제 등등 해결해야 할 문제들이 많습니다만 부부에게 가장 중요한 과업은 두 사람이 교회가 되는 일입니다.

바울이 기도하는 까닭은 그들이 예수 그리스도를 중심으로 연결된 교회가 되도록 하기 위함입니다. 교회가 되려면 너희들은 이런 자가 되어야 한다는 것이지요. 하나님은 우리를 교회가 되도록 불렀기에 그리고 교회는 하나님의 영원한 목적이기에 그렇다면 오늘 기도 내용은 우리가 늘 붙잡고 기도하여야 할 내용입니다.

첫째, 속사람이 성령으로 강건케 되도록 기도해야 합니다.
16절입니다. **"그의 영광의 풍성함을 따라 그의 성령으로 말미암아 너희 속사**

람을 능력으로 강건하게 하시오며" 수술 후 재활을 하는 사람에게 의사가 말을 합니다. "다리에 힘이 생기려면 운동을 해야 합니다. 근력을 강화시켜야 빨리 걸을 수 있습니다." 교회의 핵심은 그리스도를 중심으로 상대방을 대하는 것인데 그러려면 속사람을 강건하게 만들어야 합니다. 속사람이 무엇입니까? 겉 사람은 우리 눈에 보이는 육체입니다. 속사람은 주님의 뜻대로 살아가고 싶은 내 안에 있는 나, 또는 나의 마음입니다. 마음 약하면 매몰차게 못하여 다른 사람들의 말에 쉬이 넘어가듯이 속사람이 약하면 육체의 소욕 즉 음행하며 다투며 분내며 당 짓고 게으른, 자기중심으로 살아가려는 마음이 일어날 때 쉬이 그것을 따라갑니다. 자기는 죽었고, 예수가 주인임을 알면서도 막상 사람들과의 관계에서는 자기가 살아서 움직입니다. 속사람이 강하면 그것을 이기며 주님이 원하는 삶을 살아갑니다. 백신은 코로나 항체를 주입하는 것입니다. 신문기사를 보니까 면역력이 강한 사람은 항체가 들어오면 강하게 저항을 하기에 그것이 통증으로 나타나고 면역력이 없으면 저항을 하지 않기에 통증이 없다고 합니다. 어디까지가 사실인지 모르겠지만, 마찬가지입니다. 속사람이 강하면 우리는 육체의 소욕에 쉬이 이끌리지 않고 저항하면서 주님을 중심으로 상대방을 바라보며 관계를 맺으며 살아갑니다.

그럼 어떻게 하면 내 속 사람이 강해집니까? 성령이 내 안에 역사하여야 합니다. 그럼 성령이 언제 역사합니까? 기도입니다. 주님 중심으로 상대방을 바라보며 관계를 맺게 해 달라고 간구하는 것입니다. 여러분 한번 해 보시기 바랍니다. 베드로가 오순절 성령을 받은 다음 성전 미문에 구걸하는 앉은뱅이를 고쳤습니다. 그 사건이 있은 직후 당시 최고의 힘을 가진 공회가 베드로와 요한을 잡아서 협박을 합니다. 다시는 예수의 이름으로 그렇게 하지 말라고 말입니다. 생명에 위협을 가한 것입니다. 그 위협을 받고 돌아와서는 동료들에게 말을 합니다. 동료들은 그 위협에도 불구하고 하나님의 말씀을 전하게 해 달라고 간절히 기도합니다. 사도행전 4장 31절입니다. **"빌기를 다하매 모인 곳이 진동하더니 무리가 다 성령이 충만하여 담대히 하나님의 말씀을 전하니라."** 그들에게 성령이 임하였습니다. 그러자 마음이 강해졌습니다. 그 위협에 겁먹지 않고 담대하게 주님이 원하시는 쪽으로 움직였습니다.

17절을 봅니다. **"믿음으로 말미암아 그리스도께서 너희 마음에 계시게 하옵시고"** 이 말은 **"속사람을 강건케 하옵소서"**라는 말과 똑같은 말입니다. 믿음은 늘 주님을 바라봅니다. 주님을 의지하여 주님께 도움을 구합니다. 그러면 주님이 내 마음에 역사하십니다. 실상은 주의 영인 성령입니다. 마음은 우리의 지정의가 활동하는 장소입니다. 우리의 지정의를 우리 주님께서 다스려 주셔서 우리로 하여금 주님을 보면서 상대방을 대하도록 만듭니다.

둘째, 그리스도의 사랑을 알게 해 달라고 기도해야 합니다.

18절, 19절을 원문 성경으로 보면 우리 성경 19절의 앞부분이 18절로 나옵니다. **"여러분이 능히 모든 성도와 함께 그 너비와 길이가 높이와 깊이가 무엇인지 깨닫고"** 그리고 이어서 우리 성경 18절이 19절로 나옵니다. **"지식을 초월하는 그리스도의 사랑을 알기를 바란다"** 주님이 우리에게 베푸신 사랑의 너비와 길이와 높이와 깊이가 무엇인지 깨달으면 우리는 지식을 초월하는 그리스도의 사랑을 알게 되며 그러면 상대방을 배척하지 않으며 서로 용납하게 됩니다. 그러면서 교회가 되는 것입니다.

주님이 베푸신 사랑의 넓이가 있습니다.

사람의 사랑의 넓이는 좁디좁습니다. 자신의 마음에 드는 자, 자기 스타일에 맞는 자를 사랑합니다. 예수님은 자신을 파는 제자를 사랑하였습니다. 자신을 십자가에 못 박는 자들을 사랑하였습니다. 창녀도 사랑하였고, 이방인도 사랑하였고, 가난한 자도 사랑하였습니다. 빈부, 인종에 관계없이 예수님은 모든 사람들을 위해 죽었습니다. 전 세상을 사랑한 것입니다. 미국은 여전히 인종 간에 차별이 있으며, 백인교회와 흑인교회가 있습니다. 주님의 사랑의 너비를 알지 못하기 때문에 일어난 일입니다.

주님의 사랑의 길이가 있습니다.

주님은 영원토록 사랑하십니다. 요한복음 13장 1절입니다. **"유월절 전에 예수께서 자기가 세상을 떠나 아버지께로 돌아가실 때가 이른 줄 아시고 세상에 있는 자기 사람들을 사랑하시되 끝까지 사랑하시니라"** 그 다음 2절에 무엇이 기록된 줄 아십니까? **"마귀가 벌써 시몬의 아들 가룟유다의 마음에 예수를 팔려는 생각을 넣었더라"** 그럼에도 예수님은 끝까지 사랑하십니다. 앞에서 배웠습니다. 나에 대한 사랑은 언제부터 시작되었습니까? 하나님은 나를 언제부터 구원하기로 작정하였습니까? 영원 전부터입니다. 오늘 내가 예수를 주로 영접하고 있다면 결단코 의심하지 말아야 할 것은 주님은 나를 영원토록 사랑하고 계시다는 것입니다.

주님의 사랑의 깊이가 있습니다.

이 세상에 가장 무서운 것이 있다면 죽음입니다. 사람은 죽음 앞에서 두려워합니다. 죽음을 어떻게든 피하려고 합니다. 그러나 그 죽음마저도 불사하는 자들이 있습니다. 불길 속에 갇힌 아이를 구하러 가는 어머니의 사랑이 그것입니다. 사랑은 죽음보다 강합니다. 그러나 고통에는 장사가 없습니다. 여러분들이 자식을 위해 죽을 수 있고, 아내를 위해 죽을 수 있을 것입니다. 그러나 영원토록 아내를 위해 십자가에 달리는 고통을 당할 수 있겠느냐고 물으면, 영원토록 불에 타는 고통 속에서 살아갈 수 있겠느냐고 물으면 어떻게 대답하겠습니까? 관념적으로는 대답할 수 있을 것입니다. 그러나 실제 여러분의 몸이 찢기는 고통을 영원토록 당하여야 한다면 과연 어떻게 하겠습니까? 우리 주님께서는 십자가의 고통을 당하면서 나를 살리셨습니다. 지옥의 고통입니다. 그러나 그 고통은 이미 내가 태어나기 전에도 당하였습니다. 이스라엘은 자신의 죄를 사하기 위해서 희생제물을 태웁니다. 그것은 예수 그리스도를 상징합니다. 주님은 하늘에서 그 모습을 바라보고 있었습니다. 자신의 몸이 저렇게 태워져야 함을 말입니다. 수 천 년의 기간을 자신이 죽는 것을 보고 계셨습니다. 주님의 사랑의 깊이입니다.

주님의 사랑의 높이가 있습니다.

그분은 나를 높이기 위해서 사셨습니다. 우리를 자기의 형제가 되도록 자신을 비워서 이 땅에 오신 것입니다. 그분의 사랑의 높이는 우리를 주님처럼 되도록 하기 위함이었습니다. 이 사랑을 느끼게 해 달라고 기도하시기 바랍니다. 이 사랑을 느끼면 우리는 나의 형제를 세워주려고 할 것입니다. 왜 우리가 이 사랑을 느끼지 못하였을까요? 우리는 내가 사랑하는 것만을 주로 구하기 때문입니다. 내가 사랑하는 자녀, 내가 사랑하는 사업, 내가 사랑하는 직장, 내가 사랑하는 건강을 위해서 기도하였습니다. 결국 자기 사랑입니다. 자기 사랑으로 가득 차 있으면 주님의 사랑을 깨닫지 못합니다. 여러분들이여, 나를 그렇게 사랑하신 주님의 십자가를 바라보서야 합니다. 그곳에서 우리는 주님의 사랑의 깊이와 넓이를 알게 됩니다. 그때 우리는 형제를 용납하게 되며 그를 세우려고 힘씁니다. 교회가 되는 것입니다.

셋째, 하나님처럼 살게 해 달라고 기도해야 합니다.

19절 하반절입니다. **"하나님의 모든 충만하신 것으로 너희에게 충만하게 하시기를 구하노라."** "하나님의 모든 충만"이란 말 앞에 '에이스'라는 전치사가 있는데 이것은 '~ 수준까지'로 번역이 됩니다. 하나님의 모든 충만하신 것으로 너희에게 충만하기를 바란다는 말은 하나님의 완전함의 수준까지 즉 하나님처럼 되기를 원한다는 말입니다. 어안이 벙벙합니다. 그런데 이게 이해가 안 되는 말씀이 아닙니다. 창세 때 삼위 하나님께서 아담과 하와를 통해 공동체를 만들 때, 그들 한 사람 한 사람을 어떻게 하였습니까? 창세기 1장 17절입니다. **"하나님이 자기 형상 곧 하나님의 형상대로 사람을 창조하시되 남자와 여자를 창조하시고"** 각각을 하나님의 형상대로 지었습니다.

우리 또한 마찬가지입니다. 교회가 되도록 하기 위해 주님이 나를 위해 죽으심으로 내가 없고 주님만이 있도록 하였습니다. 그래서 우리가 옆의 성도를 볼 때 "주님!"으로 불러야 한다고 했지 않습니까? 제가 한 번 숙제를 주었지요. 집에 가서 부부가 그렇게 한 번 불러보라고요. 엄격한 의미에서 우리는 하나님이 될 수 없습니다. 그럼에도 어떻게 살아야 합니까? 주님으로 살아야 합니다. 주님을 닮는 것이 아니라 주님으로 살아야 합니다. 그것을 위해서 기도하라는 것이지요.

여러분들이여, 올림픽 각 종목 출전 선수들은 좋은 성적을 위해서 거기에 맞는 근육을 발달시키며 훈련합니다. 우리는 교회적 존재입니다. 우리는 우리가 있는 곳이 교회가 되도록 하여야 합니다. 그렇기에 속사람을 강건케 해 달라고, 주의 사랑을 깨닫게 해 달라고, 주님으로 살게 해 달라고 간구하여야 합니다. 반드시 들어주실 것입니다. 그러면 우리는 교회가 되며 동시에 하나님이 우리에게 거처를 삼아 우리에게 은혜를 주십니다. 이 축복이 우리에게 있기를 축복합니다.

17
우리의 하나 됨을 지켜야만 합니다

17
우리의 하나 됨을 지켜야만 합니다

에베소서 4:1-7

1 그러므로 주 안에서 갇힌 내가 너희를 권하노니 너희가 부르심을 받은 일에 합당하게 행하여 2 모든 겸손과 온유로 하고 오래 참음으로 사랑 가운데서 서로 용납하고 3 평안의 매는 줄로 성령이 하나 되게 하신 것을 힘써 지키라 4 몸이 하나요 성령도 한 분이시니 이와 같이 너희가 부르심의 한 소망 안에서 부르심을 받았느니라 5 주도 한 분이시요 믿음도 하나요 세례도 하나요 6 하나님도 한 분이시니 곧 만유의 아버지시라 만유 위에 계시고 만유를 통일하시고 만유 가운데 계시도다 7 우리 각 사람에게 그리스도의 선물의 분량대로 은혜를 주셨나니

　이남하 목사님이 쓴 「예수님짜리」 라는 책에서 읽은 어느 한 자매의 고백입니다. "그 동안 저는 교회 안에서 개인 신앙으로 살아왔습니다. 교회 안에 붙어 있었던 이유는 제 신앙을 위해서였고, 제가 받은 구원을 놓치지 않기 위함이었습니다. 교회를 떠나면 구원이 제게서 떠나 버릴까 봐 그 동아줄을 잡

고 곰팡이 슬지 않도록 적절히 온도와 습도를 조절하며 지내는 것이 신앙생활이라 생각했고 거기서 벗어난 적이 없었습니다. 그런 제가 하나님의 차원에서, 하나님의 영원한 목적에 대해 들었습니다. 저의 눈이 밝아졌습니다. 천동설에서 지동설로 바뀌는 것 같은 패러다임의 전환이 제 인생에서 일어났습니다. 지구가 태양을 중심으로 돌아가듯 인생의 중심은 내가 아니라 하나님이십니다. 이제 하나님의 목적에 제가 흡수되겠습니다. 하나님의 목적이 저의 목적이 되니 엄청난 감격이 지금 저를 덮고 있습니다. 제가 하나님께서 거하실 처소인 교회라는 성전을 이루는 돌이 되어 깎이고 또 깎이길 원합니다. 간절히... 너무나 기쁩니다. 하나님의 목적을 함께 이루어 나가는 교회 안의 형제, 자매들이 정말 사랑스럽습니다."

하나님 아버지의 영원한 목적은 자신의 자녀들을 모이게 해서, 즉 교회되게 하여 그 가운데 사는 것이었습니다. 거기에서 하나님은 아버지가 되사 모든 은혜를 주시고 그들은 그 가운데 기쁨으로 살아가는 것입니다. 그렇기에 교회인 우리들은 하나님이 거처할 수 있는 교회가 되는 일에 힘써야 합니다. 이것이 에베소서 4장 1절입니다. **"그러므로 주 안에서 갇힌 내가 너희를 권하노니 너희가 부르심을 받은 일에 합당하게 행하여"** 부르심을 받은 일은 교회되는 일을 말합니다. 그럼 우리가 온전한 교회가 되기 위해 어떤 일에 힘써야 합니까? 에베소서 4장 3절입니다. **"평안의 매는 줄로 성령이 하나 되게 하신 것을 힘써 지키라."** 우리의 하나 됨을 지켜야 합니다. 여기서 '하나'의 의미는 '연결' 또는 '연합'입니다. 교회는 그리스도의 몸이기에 이미 서로 연결 또는 연합되어 있습니다. 이미 하나가 되어있습니다. 그럼 언제 나눠지고 끊어집니까? 우리가 다투며 분쟁할 때입니다. 우리가 다투지 않고 하나 됨을 지키려면 무엇에 힘을 써야 할까? 2, 3절인데 2절만 봅니다. **"모든 겸손과 온유로 하고 오래 참음으로 사랑가운데서 서로 용납하고"** 세 가지를 요청합니다. 겸손하라! 온유하라! 오래 참으라!

첫째, 겸손입니다.

성경에서 겸손(타페이노프로쉬네)이란 단어는 노예가 주인 앞에서 굽실거리는 모습을 표현한 것이라고 합니다. 노예가 왜 주인 앞에서 굽실거립니까? 주인이 자신의 생사여탈권을 가졌기 때문입니다. 나아가 자신의 힘으로 살아갈 수 없는 자이기 때문입니다. 오늘날 겸손은 자신을 낮추는 것을 말합니다. 그런데 진정한 겸손이 안 되는 까닭이 무엇입니까? 상대방을 자신보다 낮게 여기지 않습니다. 나아가서 자신의 힘과 능력으로 얼마든지 살아갈 수 있다고 여깁니다. 그러나 겸손한 척은 하는데 실제 겸손은 없습니다.

2000년 가을에 한국을 방문한 네덜란드 아펠드론 신학교의 페일스 교수라는 분이 한 기독교 신문과 대담하는 중에 이런 말을 하였습니다. "한국 장로교회의 분파가 196개가 된다는 것에 크게 놀랐습니다. 그러나 동시에 위로를 받았습니다. 한국 교회의 분열에 의하면 네덜란드 교회의 분열은 아무것도 아니니까요." 1945년 해방 당시 한국의 장로교회는 하나였습니다. 그런데 2000년이면 대략 50년이 지난 시점인데 그때 196개로 분열되었다는 것은 기가 막힌 일이 아닐 수 없습니다. 왜 이런 심각한 분열이 교단에 일어났을까? 여러 가지 원인이 있겠지요. 유명한 설교자인 크리소스톰은 "권세를 사랑하는 것만큼 교회를 분열시키는 것은 아무것도 없다"라고 했습니다. 권세를 사랑한다는 말은 자신이 더 높아지려고 한 것이지요. 교만 때문입니다. 결국 겸손이 없었기에 교회가 분열된 것입니다. 교만하면 상대방을 낮게 봅니다. 그러면 폄하합니다. 쉬이 비방합니다. 그곳에 어떻게 분열이 일어나지 않을 수 있겠습니까?

성도는 어떤 자입니까? 자신은 죽고 오직 그 안에는 주님만 계시는 자입니다. 실수가 많아도, 조금 거칠어도 그 안에는 주님만 계십니다. 그렇기에 그에게서 우리는 주님을 봅니다. 그리고 나는 누구입니까? 어저께 사촌 형님과 통화를 하였습니다. 그 형님은 지금 계신 교회에 21년 째 목회하고 있습니다. 부임을 하신 후 여러 번 고비를 넘기셨다고 합니다. 전화 말미에 형님은 하나님의 은혜가 아니면 우리 같은 자들이 어떻게 그 기간 동안 목회할 수 있었느냐는 것이었습니다. 우리는 내 힘으로 사는 자가 아니라 하나님의 은혜로 살아가는 자들입니다. 형제 안에 있는 주님을 통하여 형제를 보며, 오직 주님의 사랑 때문에 내가 살아갈 수 있음을 안다면 우리는 겸손해집니다. 형제를 쉬이 판단하며 쉬이 비방하지 않을 것입니다. 당연히 교회의 하나 됨을 지켜 나가는 것입니다.

둘째, 온유입니다.
온유(프라우테스)의 의미는 '뻣뻣한 목이 길들여져서 부들부들해졌다'입니다. 누구 앞에서 그렇다는 말입니까? 먼저 하나님 앞에서입니다. 하나님은 모세를 지상에서 가장 온유한 자라고 하면서 온유함이 무엇인지를 가르쳐줍니다.

모세의 온유함을 가장 잘 보여주는 장면은 40년 광야 생활을 마쳤을 때입니다. 가나안을 눈앞에 두고 있는데 하나님께서 모세를 향하여서 가나안에 들어가지 말라고 한 것이지요. 청천벽력과 같은 말을 듣습니다. 그런데 모세는 기꺼이 그 뜻에 순종합니다. 하나님 앞에 그 목이 뻣뻣하지 않은 것이지요.

이렇듯 하나님 앞에서 목이 길들여져서 부들부들해지면 그는 사람 앞에서도 부드러워집니다. 온유한 자는 어떻게든 자신의 주인 되신 주님을 따라 가려고 합니다. 그렇기에 자기감정들 즉 분노 슬픔 열정 등등을 쉬이 드러내지 않습니다. 언짢고 불만스럽고, 분노가 일어나는 중에서도 온유한 자는 주님을 따르려고 하기에 그의 말이 거칠지 않습니다. 사납지 않습니다. 그러니 하나 됨을 지키는 것입니다.

김효숙 목사님은 장로교 최연소 여성 목사였습니다. 그는 고1 때 참석한 기도원 집회에서 은혜를 받고 하나님의 복음을 전하는 종이 되겠다고 서원을 하였습니다. 그러나 대학을 진학하고 나서 그 서원을 잊고 살다, 나중에 삶이 너무 힘들어진 것입니다. "내가 서원을 지키지 않아서 그런가?"라는 생각이 들면서, 다시 그 기도원에 가서 서원을 무르려고 하였습니다. 그날 천둥 번개가 치는 캄캄한 산에서 손을 들고 서원을 취소해 달라고 기도했습니다. 그때는 철도 없었고, 세상도 몰랐고, 생각도 깊지 못한 어릴 적 서원이기에 취소해 달라고 하였습니다. 그렇게 기도하는 중에 하늘이 개면서 한 가지 환상을 보여주는데 국자를 보여주더랍니다. 그러면서 하늘에서 '내가 너를 이런 사람으로 만들었단다.' 하더랍니다. 그리고 기도원에서 내려왔는데 도무지 이

해가 안 되더랍니다. 자신을 사용할 것 같으면 그릇 환상을 보여주면서 너는 나의 그릇이라고 해야 하는데, 국자를 보여주니... 그래서 선배 한 분과 상담을 하는데 그 선배가 이런 말을 하였습니다. "하나님께서 너를 목사로 쓰시려고 하는가 보다. 국자는 주인이 손에 붙잡아야만 쓰임을 받는 도구이지 않느냐. 국자를 통해 음식을 나눠주니까, 하나님이 너를 사용해서 사람들에게 복음을 나눠주려고 하는 모양이구나." 그렇게 해서 그가 신학을 하게 되고 목사가 되었다고 합니다.

주님이 항상 붙잡고 쓸 수 있는 인생, 주님이 원하는 대로만 움직이는 인생, 그것이 국자 인생입니다. 모세가 국자 인생이었고 우리 예수님이 국자 인생을 걸었습니다. 그것이 온유함입니다. 그러니 온유한 자가 있는 곳에 어떻게 다툼과 분열이 일어날 수 있겠습니까?

셋째, 오래 참아야 합니다.
오래 참음(마크로튀미아)의 뜻은 **'분노와 거리가 멀다**'라는 의미입니다. 내가 오래 참는지 아닌지를 알려면 자녀에게 "엄마가 분노와 거리가 먼 사람 같아, 아니면 분을 잘 내는 것 같아?"라고 한 번 물어 보시면 됩니다. 자녀들은 정확하게 압니다.

그런데 어떤 마음으로 오래 참아야 합니까? 그냥 참으면 속병에 걸립니다. 성경은 사랑 가운데 서로 용납하면서 오래 참으라고 합니다. 사랑은 상대방을 세워주는 것을 말합니다. 어떻게든 그를 세워주기 위해서 그의 약함을 받아들입니다. 그것이 하나님의 오래 참음입니다. 하나님께서 나를 구원하시기 위해 죄인인 우리에게 진노하지 않고 길이길이 참으셨습니다. 사랑으로 우리를 용납하면서 참으셨기에 우리가 이 자리에 있는 것이지요. 우리가 그의 약함과 행동을 보고 쉬이 진노한다면 그는 우리를 떠납니다. 하나 됨이 깨집니다.

 어렵게 전도한 남편을 실족시킨 한 분의 이야기를 읽었습니다. 남편이 교회에 따라 나오면서 남편의 생활이 변하기 시작했습니다. 술을 좋아하던 남편이 교회를 다니기 시작하면서 직장에서도 술을 끊었다고 선언했습니다. 술 때문에 이혼까지 갈 정도로 술 마시고 늦게 들어오던 남편이 변한 것입니다. 그런데 하루는 남편이 연락도 없고 밤이 늦도록 집에 오지 않았습니다. 전화를 걸었지만 전화기가 꺼져 있었습니다. 순간 남편이 또 술을 마시고 있겠구나! 하는 생각에 집사님은 화가 나기 시작했습니다. 자정이 넘어서도 연락이 되지 않자 화가 머리끝까지 나서 잠도 오지 않았습니다. 교회에서 간증까지 하고 어떻게 이럴 수가 있냐? 라는 분노가 올라왔습니다. 그때 현관문 열리는 소리가 나서 뛰쳐나가 들어오는 남편에게 한마디를 했습니다. "이 위선자! 거짓말쟁이!" 그런데 남편은 아무 말도 하지 않았습니다. 이상한 것은 술 냄새도 나지 않았다는 겁니다. 다음 날 말없이 출근한 남편에게 전화를 하자 남편의 첫 마디가 "나 이제 교회 안 나가"였습니다. 자초지정을 물어보니 그날 회사에 안 좋은 일이 있어서 밤늦게까지 일을 수습하느라 수고하고 돌아온 남편에게 소리를 질러서 남편의 자존심을 건드리고 만 것이었습니다. 그를 세우기 위해 그를 용납하여 참았으면 가정 교회는 든든히 세워졌을 것입니다.

겸손과 온유와 오래 참음으로 우리의 하나 됨을 지킬 수 있습니다. 시편 133편은 성전에 올라가면서 부르는 노래입니다. **"형제가 연합하여 동거함이 어찌 그리 선하고 아름다운고"** 형제가 하나 되어 있는 것이 하나님이 보시기에 그렇게 좋다는 것이지요. 그렇기에 교회를 오실 때, 시편 133편 1절을 되뇌면서 "주여, 오늘 제가 성도들을 만날 때 겸손, 온유 그리고 오래 참게 하사 하나 됨을 지키게 하소서!"라고 고백하시기 바랍니다. 지금 교회는 활동이 멈췄습니다. 가정교회에서 이 훈련을 하셔야 합니다. 남자 성도들이여, 퇴근하여 집에 가시면서, "주님, 아내와 자녀들에게 겸손과 온유와 오래 참음으로 대하게 하사 가정 교회의 하나 됨을 지키게 하소서!"라고 되뇌시기 바랍니다. 아내들이여, 아침에 일어나서 자녀들의 이름을 부르기 전에, "주여 가정 교회의 하나 됨을 지키는 어머니가 되게 하소서!"라고 해보시기 바랍니다. 그렇게 살 때 시편 133편 2, 3절은 이렇게 말합니다. **"머리에 있는 보배로운 기름이 수염 곧 아론의 수염에 흘러서 그의 옷깃까지 내림 같고, 헐몬의 이슬이 시온의 산들에 내림 같도다. 거기서 여호와께서 복을 명령하셨나니 곧 영생이로다"** 영생은 하나님이 함께하신다는 말입니다. 그곳에 하나님이 함께하십니다. 교회의 하나 됨을 지키는 우리들에게 이 은혜가 있기를 축복합니다.

18
교회는 그리스도의 모습으로 자라야 합니다

18
교회는 그리스도의 모습으로 자라야 합니다

에베소서 4:7~13

7 우리 각 사람에게 그리스도의 선물의 분량대로 은혜를 주셨나니 8 그러므로 이르기를 그가 위로 올라가실 때에 사로잡혔던 자들을 사로잡으시고 사람들에게 선물을 주셨다 하였도다 9 올라가셨다 하였은즉 땅 아래 낮은 곳으로 내리셨던 것이 아니면 무엇이냐 10 내리셨던 그가 곧 모든 하늘 위에 오르신 자니 이는 만물을 충만하게 하려 하심이라 11 그가 어떤 사람은 사도로, 어떤 사람은 선지자로, 어떤 사람은 복음 전하는 자로, 어떤 사람은 목사와 교사로 삼으셨으니 12 이는 성도를 온전하게 하여 봉사의 일을 하게 하며 그리스도의 몸을 세우려 하심이라 13 우리가 다 하나님의 아들을 믿는 것과 아는 일에 하나가 되어 온전한 사람을 이루어 그리스도의 장성한 분량이 충만한 데까지 이르리니

하나님의 영원한 목적은 교회입니다. 그리고 우리를 교회로 불렀습니다. 우리는 하나님의 영원한 목적 속에 들어와 있습니다. 놀라서야 합니다. 교회

인 우리들은 마땅히 해야 할 일이 있습니다. 교회는 그리스도의 몸이기에 한 몸 됨, 즉 교회의 하나 됨을 지켜야 합니다. 이 일을 위해서 앞에서 우리는 성도를 대할 때 겸손과 온유 그리고 오래 참음으로 대하여야 한다고 했습니다.

또 하나 해야 할 일이 있습니다. 우리가 해야 할 가장 중요한 일입니다. 교회는 그리스도의 몸이기에 그리스도의 모습으로 자라야 합니다. 자란다는 것은 성도들의 관계와 생활에서 그리스도의 모습이 점점 많이 보여야 한다는 말입니다. 구체적으로 어떤 그리스도의 모습일까? 13절을 갑니다. **"우리가 다 하나님의 아들을 믿는 것과 아는 일에 하나가 되어 온전한 사람을 이루어 그리스도의 장성한 분량이 충만한 데까지 이르리니"** 그리스도의 장성한 분량이란 하나님 아버지의 뜻에 자신을 온전히 순종시킨 주님의 모습입니다. 온전히 하나님께 충성을 하는 주님의 모습입니다. 온전히 양들을 사랑하시는 주님의 모습입니다. 우리의 관계에서 주님께 순종하며, 서로 긍휼히 여기며 사랑하는 모습들이 시간이 지나면서 더 많이 나타나는 것, 이것이 자라는 것입니다.

어떻게 우리의 생활에서 그런 모습이 나타날 수 있을까? 주님이 행하신 방법은 11절입니다. **"그가 어떤 사람은 사도로 어떤 사람은 선지자로 어떤 사람은 복음 전하는 자로 어떤 사람은 목사와 교사로 주셨으니"** 그리스도의 몸인 교회를 세우기 위해 사도, 선지자, 복음 전하는 자 그리고 목사와 교사를 주셨습니다. 시간상 각각의 직분이 무엇인지 그 설명을 생략합니다. 다만 한 가지 아서야 할 것은 현재 교회에서 사도, 선지자, 복음 전도자는 더 이상 없습니다. 복음 전도자는 오늘날 전도자를 말함이 아니라 당시 교회를 순회하면서 복음을 전한 자들입니다. 오늘날 모든 교회에 목회자가 있기에 성경이 말하는 복음 전도자는 없습니다. 현재는 목사와 교사만 남았다고 생각하시면 됩니다. 목사는 양들을 돌보는 사람을 말합니다. 베드로도 목사였고, 에베소의 장로들도 양 무리를 돌본다는 개념에서 목사였습니다. 교사는 말씀을 가르치는 자들인데, 우리가 생각하는 교사들이 아닙니다. 말씀을 체계적으로 바르게 가르치는 자들을 말합니다. 신학 교수들이 여기에 해당되겠고 오늘 교회 목사들이 그 일을 하고 있습니다.

하나님은 오늘날 목회자를 통하여 교회를 세워나가도록 하였습니다.

하나님은 목회자가 해야 할 일을 주셨습니다. 12절입니다. **"이는 성도를 온전하게 하여 봉사의 일을 하게 하며 그리스도의 몸을 세우려 하심이니라"** 성도를 온전하게 하여 봉사의 일을 하도록 만드는 것입니다. 여기서 봉사는 헬라어로 '디아코니아'입니다. 어머니가 가족을 위해 아무 대가를 받지 않고 음식을 준비하는 모습입니다. 그러므로 가족들이 건강해지지 않습니까? 그렇듯이 봉사는 아무런 대가 없이 자신을 내어주어 성도를 세워주는 일을 말합니다. 목회자는 성도들이 다 그렇게 봉사를 하도록 해야 하는데 그 일을 할 수 있도록 성도를 온전하게 하는 것이지요. 여기서 온전하다는 말은 원어상으로 '구비시키다'는 말입니다. 축구 하러 가는 아들에게 아버지가 축구화를 장만해 주는 것, 구비시켜 주는 것이지요. 그렇듯이 성도들이 봉사 즉 섬김을 잘 할 수 있도록, 그들에게 주님을 가르치며 믿음을 가르칩니다. 또는 셀 목자의 예를 든다면 그 봉사를 잘 할 수 있도록 훈련을 시키기도 합니다. 구비시키는 것이지요. 오늘 이 말씀이 여러분들로 하여금 잘 섬기도록 구비시키는 것입니다.

잠깐 여기서 우리는 귀한 진리 하나를 보셔야 합니다. 주님은 우리 모두가 섬김의 자리 곧 봉사의 자리에 가야 함을 말합니다. 안타깝게도 현대 교회에 대략 2-30% 성도들만이 봉사의 자리에 가 있습니다. 나머지는 교회에 왔다가 그냥 흩어집니다. 그러면 교회가 그리스도의 모습으로 자랄 수 없습니다. 나아가서 개인적인 성장도 못합니다. 우리 모두가 봉사의 자리에 있어야 합니다.

가만히 보면 어떻습니까? 목회자는 마치 감독과 같지 않습니까? 시합은 선수들이 합니다. 그러나 선수들로 하여금 시합을 잘 할 수 있도록 구비시키는 일은 감독이 합니다. 오늘날 성도들 중에는 교회 봉사는 교역자들이 해야 하는 줄 알고 있습니다. 물론 교역자도 성도로서 봉사를 할 수 있고 해야 합니다. 저 또한 교회 개척 초기에는 차량 운행을 하고 모든 전도활동에 다 가담하였습니다. 그 환경에는 그것이 마땅합니다. 그러나 그것이 정상인 것이 아닙니다. 섬김의 현장에는 성도들이 있어야 합니다. 지금 새벽 시간에 교역자들이 차량 운행을 하고 있습니다. 그것을 보면서, 아, '저 사역은 우리가 해야 할 사역인데...' 그런 생각을 하고 있어야 합니다. 여러분들이여 모두 섬김의 자리, 봉사의 자리에 꼭 가시기를 바랍니다.

우리가 섬김의 자리에 있을 때 비로소 예수를 믿는 믿음과 앎에 있어서 하나가 되고 자랄 수 있습니다.

왜 성도들이 섬김의 자리에 가 있어야 하느냐 하면, 13절입니다. **"우리가 다 하나님의 아들을 믿는 것과 아는 일에 하나가 되어 온전한 사람을 이루어"** 하나님의 아들 곧 예수 그리스도를 믿는 것과 아는 일에 하나가 되도록 하기 위함입니다. 설명하자면 이렇습니다. 믿는 것에 하나가 된다는 말은 그의 믿음과 나의 믿음이 같아진다는 말입니다. 믿음은 무엇입니까? 나는 죽고 예수를 주로 섬기는 것입니다. 이 부분은 성도마다 그 분량이 다릅니다. 어떤 성도는 많은 부분에서 예수를 주로 섬기지만 어떤 성도는 많은 부분을 자신을 주로 섬깁니다. 이 두 사람이 예수를 주로 섬기는 모습이 같을 때 믿음에서 하나가 되었다고 표현합니다. 그런데 이 일은 섬김을 통하여 일어납니다.

왜 우리가 서로 봉사를 할 때 하나 됨이 일어나느냐 하면, 예를 하나 들어봅니다. 엄마의 손맛과 딸의 손맛이 같으려면 어떻게 하면 됩니까? 레시피 하나를 기록해서 준다고 됩니까? 손맛이 하나가 되게 하려면 엄마가 딸을 불러 놓고 보는 그 앞에서 된장 끓이는 모습을 보여주고 딸에게도 그렇게 하라고 합니다. 한 번만 그렇게 하면 됩니까? 계속 그렇게 합니다. 그런데 어떤 때는 재료가 부족할 때도 있습니다. 어떤 때는 재료가 품질이 좋지 않을 때도 있습니다. 그럼에도 계속 같이 끓이는 것입니다. 그렇게 하다 보면 엄마와 딸의 된장이 모양과 맛에 있어서 똑같아집니다. 결국 손맛이 같아집니다. 그것은 비디오 한편으로 되는 것이 아닙니다. 엄마가 계속 보여주고 딸이 따라 하는 과정을 통하여 만들어집니다.

우리가 섬기는 자리에 있으면 우리는 서로의 믿음을 봅니다. 그러면서 그 사람의 믿음을 내가 닮아갈 수 있습니다. 다시 말씀드리지만, 봉사가 없으면 우리는 교회에 와서 예배만 하고 흩어집니다. 성도들과 관계가 없으니 다른 성도들의 뛰어난 믿음을 보지 못합니다. 보지 못하니 닮지를 못하고 믿음에 있어 하나가 되지 못합니다. 그러니 같이 자랄 수 없습니다. 그런데 섬김을 통하여 서로의 믿음을 보게 되고, 그가 예수를 얼마나 많이 알고 있는지를 보면서 자신 또한 그렇게 바뀌어가는 것입니다. 이것이 주님께서 우리를 예수 그리스도의 모습으로 변화시키는 방법입니다.

가상해서 주방 봉사를 예로 들어 봅니다. 한 성도가 점심을 드신 후 음식에 맛이 없다고 봉사자 앞에서 불평합니다. 그 불평을 들은 봉사자의 마음에 언짢음이 듭니다. 그래도 성도를 섬기기 위해서 그렇게 아침부터 수고했는데... 그런 언짢음이 있지만, 그래도 그리스도의 몸인 교회의 하나 됨을 지켜야 하기에 겸손과 온유로 그를 대합니다. "집사님, 제가 간을 잘못했나 봐요. 죄송해요. 집사님이 이해를 좀 해 주세요." 마음이 상하지 않도록 말을 합니다. 음식이 맛이 없다고 말할 수 있습니다. 그러나 봉사자 앞에서 그렇게 불평을 터뜨리는 것은 사실 믿음의 문제입니다. 아무 대가 없이 일찍 와서 수고한 집사님 권사님들을 생각하면 그렇게 하지 못합니다. 나아가서 진정 예수를 주로 섬기고 있으면 자신의 감정을 그렇게 쉬이 표출하지 못합니다. 그는 지금 마음 가는 대로 움직이고 있는 것입니다. 믿음이 약한 것이지요. 그러나 주방 봉사자는 자신이 죽고 예수를 주인 삼아 행동합니다. 그리고 교회의 하나 됨을 지키기 위해 온유와 겸손으로 그에게 다가갑니다. 언짢음을 나타내지 않고 이해를 구하는 것은 그의 믿음을 보여준 것이지요. 그 다음주에 불평하시는 분은 또 다른 일로 불평하는데 주방을 섬기는 분은 지난주와 같이 그를 받아들입니다. 그럼 어떤 일이 일어납니까? 불평하는 성도의 마음에 자신은 불평해도 늘 웃으며 받아주시는 그분의 모습이 흘러들어옵니다. 그러면서, "아, 예수는 저렇게 믿는구나!"를 배웁니다. 그러면서 그분도 누군가 자신에게 불평을 할 때, 봉사하시는 분의 모습으로 반응을 보입니다. 그럼 무엇이 이뤄진 것입니까? 믿는 일에 하나가 된 것입니다. 나아가서 교회적으로는 믿음이 자란 것입니다.

비슷한 경우지만 또 예를 들어봅니다. 어느 부서가 회의를 합니다. 가령 그 부서는 자기중심, 자기 이익에 따라 행동하는 사람이 많습니다. 그러면 당연히 의견이 갈라지고 마음 상하는 일이 많아집니다. 그 모습을 믿지 않는 자가 본다면 "아니 예수를 믿는다면서 왜 저렇게 나눠진대!"라고 말을 할 것입니다. 이 말은 그 모임에서는 예수의 모습이 보이지 않는다는 말입니다. 믿음에서 하나가 되지 않았다는 것이지요. 그런데 한 분은 다투지 않고 인내와 겸손으로 그들을 다독이며, 그리고 주님께 충성하려고 애를 씁니다. 그 모습을 함께 있는 성도가 봅니다. 또 회의를 하는데 여전히 자기중심적인 사람은 그대로 자기를 기준으로 말을 하며 서로 나눠집니다. 그런데 전에는 한 분이 그 가운데 어떻게든 주님의 뜻을 이루기 위해 그를 껴안아 주면서 애를 썼는데 이제는 그 성도의 모습을 본 다른 성도들도 그 성도와 함께 그를 껴안고 참아주며 하나가 되려고 애를 씁니다. 시간이 지나면서 그런 자들이 많아집니다. 믿지 않는 자가 그 모습을 봅니다. 그럼 어떤 말을 합니까? "예수 믿으니까 다르네! 저 고집스런 사람, 나 같으면 한 방 쥐어박겠는데 그런데 모두들 사랑으로 감싸주는구나!" 예수가 보이는 것이지요. 믿는 일에 하나가 된 것이지요. 부서 교회가 장성한 예수의 모습으로 자라고 있는 것입니다.

그리스도를 아는 것에 하나가 된다는 것도 같은 말입니다. 그리스도는 긍휼히 많으십니다. 그리스도는 온전히 하나님께 충성하였습니다. 섬기는 한 분이 온몸과 마음으로 그렇게 충성을 합니다. 그 모습을 보고 충성을 배우고 그 또한 그렇게 충성한다면 그리스도를 아는 일에 하나가 된 것이지요. 그렇게 하나가 될 때, 교회는 자라는 것입니다.

여러분들이여, 교회인 우리가 마땅히 해야 할 은 그리스도의 장성한 분량으로 자라는 일입니다. 모두 섬김의 자리에 서시기 바랍니다. 그리고 그곳에서 예수를 주로 삼고, 나아가서 주님처럼 살려고 하는 자들을 보시면서 그들과 같이 되려고 하십시오. 교회가 자랄 수 있는 방법은 이것밖에 없습니다. 그렇게 교회가 자라면 교회의 지체인 나도 자랍니다. 그리고 내가 있는 곳을 또 자라게 할 수 있습니다. 하나님께서는 이 방법을 통하여 이 땅을 변화시키려고 합니다. 우리 교회가 하나님의 목적을 이뤄나가는 축복된 교회가 되어야 할 줄 믿습니다.

19

교회 안에서만 변할 수 있습니다

19
교회 안에서만 변할 수 있습니다

에베소서 4:17~32

17 그러므로 내가 이것을 말하며 주 안에서 증언하노니 이제부터 너희는 이방인이 그 마음의 허망한 것으로 행함 같이 행하지 말라 18 그들의 총명이 어두워지고 그들 가운데 있는 무지함과 그들의 마음이 굳어짐으로 말미암아 하나님의 생명에서 떠나 있도다 19 그들이 감각 없는 자가 되어 자신을 방탕에 방임하여 모든 더러운 것을 욕심으로 행하되 20 오직 너희는 그리스도를 그같이 배우지 아니하였느니라 21 진리가 예수 안에 있는 것 같이 너희가 참으로 그에게서 듣고 또한 그 안에서 가르침을 받았을 진대 22 너희는 유혹의 욕심을 따라 썩어져 가는 구습을 따르는 옛 사람을 벗어 버리고 23 오직 너희의 심령이 새롭게 되어 24 하나님을 따라 의와 진리의 거룩함으로 지으심을 받은 새 사람을 입으라 25 그런즉 거짓을 버리고 각각 그 이웃과 더불어 참된 것을 말하라 이는 우리가 서로 지체가 됨이라 26 분을 내어도 죄를 짓지 말며 해가 지도록 분을 품지 말고 27 마귀에게 틈을 주지 말라 28 도둑질하는 자는 다시 도둑질하지 말고 돌이켜 가난한 자에게 구제할 수 있도록 자기 손으로 수고하여 선한 일을 하라 29 무릇 더러운 말은 너희 입 밖에도 내지 말고 오직 덕을 세우는 데 소용되는 대로 선한 말을 하여 듣는 자들에게 은혜를 끼치게 하라 30 하나

님의 성령을 근심하게 하지 말라 그 안에서 너희가 구원의 날까지 인치심을 받았느니라 31 너희는 모든 악독과 노함과 분냄과 떠드는 것과 비방하는 것을 모든 악의와 함께 버리고 32 서로 친절하게 하며 불쌍히 여기며 서로 용서하기를 하나님이 그리스도 안에서 너희를 용서하심과 같이 하라

하나님께서는 자기 백성을 구원한 다음 구원한 자들을 교회로 불렀는데 우리는 기쁨의 교회로 부름을 받았습니다. 마치 징집영장이 나오고 훈련소에서 훈련을 마칠 때 자대 배치된 것처럼 우리는 기쁨의 교회로 배치가 된 것이지요. 우리가 교회로서 마땅히 해야 할 일이 있음을 에베소서 4장을 통해 듣고 있습니다. 두 가지를 배웠습니다. 먼저는 교회의 하나님을 지키는 것이며 둘째는 서로 섬김의 자리에서 믿음이 하나 되어 예수 그리스도의 모습으로 자라는 것입니다. 셋째가 오늘 본문인데, 성도 각각은 하나님의 형상으로 변화되는 일을 해야 한다는 것입니다. 이것을 본문에서는 새 사람을 입는다고 표현합니다.

그러기 위해서 먼저 옛 사람을 벗어야 합니다. 에베소서 4장 22절입니다. **"너희는 유혹의 욕심을 따라 썩어져 가는 구습을 따르는 옛 사람을 벗어버리고"** 옛사람은 썩어져 가는 구습을 따르는 것, 곧 예수 믿기 전의 생활인 자기 욕심, 자기 소원, 자기를 붙잡고 사는 것을 말합니다. 바울은 그렇게 살 때 그

것은 허망한 삶이라고 경고합니다. 4장 17절입니다. **"그러므로 내가 이것을 말하며 주 안에서 증언하노니 이제부터 너희는 이방인이 그 마음의 허망한 것으로 행함같이 행하지 말라"** 허망은 속이 비었다는 말이지요. 아무것도 남겨진 것이 없다는 말입니다. 예를 들면, 한국 사회에서 집은 남다른 의미를 가지고 있습니다. 그래서 어떻게든 집을 장만하려고 애씁니다. 그렇게 해서 집을 장만한 다음에는 더욱더 넓은 집으로 가려고 애씁니다. 그렇게 살다가 중년을 맞이하면, 이제는 건강이 문제요, 노후가 문제입니다. 그래서 건강과 노후를 위해서 애씁니다. 그러다가 죽었습니다. 마지막은 1평도 안 되는 관에 꽁꽁 묶여 화롯불에 넣어지고 과자 상자 하나의 분량의 재만 남습니다. 그것을 보면 무슨 마음이 듭니까? 그렇게 악착같이 살았지만 한 줌 재가 되어 있는 모습을 보면, 참 허망하다는 생각이 듭니다. 아무것도 가지고 가는 것이 없기 때문입니다. 옛사람을 붙잡고 사는 자를 하나님은 아무것도 없는 자로 봅니다.

우리는 교회 안에 있으면서도 자기 욕심, 자기중심으로 살아갈 수 있습니다. 그러면 신앙생활이 허망해집니다.

에베소서 5장 5절을 봅니다. **"너희도 정녕 이것을 알거니와 음행하는 자나 더러운 자나 탐하는 자 곧 우상 숭배자는 다 그리스도와 하나님의 나라에서 기업을 얻지 못하리니"** 뒤의 탐하는 자 곧 우상 숭배자는 자기 욕심, 자기중심으로 사는 것을 말합니다. 예수를 믿을지라도 그렇게 살면 결국 기업을 얻지 못합니다. 천국 백성이 될 수 없다는 말입니다. 허망한 신앙생활입니다. 그럼 우리가 어떻게 해야 합니까? 에베소서 4장 23절 말씀처럼 우리의 심령이 새롭게 되어야 합니다. 즉 예수가 주이시니까 자기중심으로 살아서는 안 됨을 깨달아야 합니다. 그리고 에베소서 4장 24절의 말씀으로 살아야 합니다. **"하나님을 따라 의와 진리의 거룩함으로 지으심을 받은 새 사람을 입으라"** '하나님을 따라'라는 말은 '하나님의 형상을 따라'라는 말입니다. 우리가 하나님의 형상을 따라 지음을 받았으니 하나님의 형상을 따라 교회생활을 해야 한다는 것이지요. 이 말씀은 창세기에 이미 기록되었습니다. 창세기 1장 26절은 삼위 하나님의 공동체를 본 딴 공동체를 이 땅에 만들기 원하여서 아담과 하와 공동체, 즉 교회를 만들었습니다. 하나님의 창조 목적은 교회였음을 전에 말씀드렸습니다. 그러면서 창세기 1장 27절에서는 이렇게 말합니다. **"하나님이 자기 형상 곧 하나님의 형상대로 사람을 창조하시되 남자와 여자를 창조하시고"** 하나님은 남자와 여자 각각을 하나님의 형상대로 지었습니다. 왜 그렇습니까? 그래야 삼위 하나님의 공동체와 같은 공동체가 될 수 있으니까요? 교회생활은 곧 성도와의 관계인데 성도를 대할 때 하나님의 형상으로 대해야 한다는 것이지요. 우리가 하나님의 형상을 따라 교회생활 할 때 그것이 우리의 신앙생활을 허망하지 않도록 만듭니다.

그럼 구체적으로 하나님의 형상은 무엇일까요? 24절을 보면 하나님을 따라 의와 진리의 거룩함으로 지음을 받았다고 하지 않습니까? 의와 거룩함이 하나님의 형상 즉 하나님의 본질이며 우리를 그렇게 지었다는 것이지요. 곧 하나님의 형상을 따라 성도를 대한다는 것은 의와 거룩함으로 성도를 대한다는 말입니다. 매튜폴이란 신학자는 의는 사람 간의 관계이며 거룩함은 하나님에 대한 관계라고 했습니다. 우리는 교회 생활 즉 성도와의 관계를 지금 이야기하니까 의를 가지고 성도를 대하는 것, 그것이 구체적으로 어떤 것인지 살펴봅니다.

성도를 의로서 대한다는 말은 그를 긍휼히 여겨 그를 살리기 위해 자신의 책임을 다하는 것을 말합니다.

마태복음을 보면, 요셉이 자신과 정혼한 마리아가 임신했다는 말을 듣습니다. 정혼은 결혼 아니기에 함께 살지 않습니다. 그러나 법적으로는 결혼한 자로 취급을 받습니다. 그래서 정혼한 여인이 임신을 하면, 결혼한 여인이 음행을 한 것과 마찬가지로 그 여인을 돌로 쳐서 죽입니다. 요셉이 마리아의 임신 소식을 듣고 보인 반응이 마태복음 1장 19절입니다. **"그의 남편 요셉은 의로운 사람이라 그를 드러내지 아니하고 가만히 끊고자 하여"** 우리식으로 생각하면, 의롭다 하면 법대로 하는 것을 말합니다. 그럼 요셉은 마리아가 불의를 행하였기에 그를 심판하는 것이 의로운 것입니다. 그런데 가만히 끊고자 하였습니다. 오히려 불의를 눈감아 줍니다. 차라리 "요셉은 인정이 많은 사람이라서 그와의 관계를 가만히 끊고자 하였다." 그러면 이해가 됩니다. 그런데 의롭기에 그렇게 했다는 것입니다. 성경에서 말하는 의가 무엇인지 알아야 합니다. 성경에서의 의는 상대방을 긍휼히 여겨 그를 살리기 위하여 자신의 책임을 다하는 것입니다. 요셉은 마리아를 불쌍히 보았습니다. 그래서 그를 살리기 원하였고, 그러려면 한 가지 방법밖에 없습니다. 남자인 자신이 먼저 파혼을 선언하는 것입니다. 그럼 마리아는 정혼이 안된 상태에서 임신한 것이기에 돌에 맞지 않아도 됩니다. 요셉은 자신의 책임을 감당한 것이지요.

하나님을 의롭다고 하시는 까닭이 어디에 있습니까? 하나님께서는 우리를 지으시고 나는 너의 아버지가 되고 너희는 나의 백성이 되리라고 말씀하였습니다. 하나님께서는 자신이 지은 백성을 향하여 아버지가 되시겠다고 말씀을 하셨기에, 죄로 인하여 심판받을 인간들이지만 그들의 죄를 사하여서 자신의 자녀를 삼아야 합니다. 그래서 인간을 긍휼히 여기시고 자신의 아들을 보내서 죽게 만듦으로 우리를 살려 그의 자녀가 되도록 하였습니다. 하나님은 우리를 살리기 위해서 자신의 책임을 다한 것이지요. 이사야를 보면 메시야에 대한 예언을 하면서 그분은 상한 갈대도 꺾지 않으시고 꺼져가는 등불도 끄지 않으시는 분으로 말씀합니다. 상한 갈대는 꺾어야 합니다. 그런데 메시야는 구원자이기에 그를 긍휼히 보시고 그를 살리기 위해서 자신을 내놓습니다. 그것이 하나님의 의입니다.

교회생활은 의로서 성도를 대하는 생활입니다. 지체는 당연히 몸을 위해 살아갑니다. 팔이 있는 까닭은 팔을 위하여 있지 않고, 밥을 먹고 일을 하고 활동을 하도록 즉 몸을 위하여 있습니다. 다른 지체를 위하여 있습니다. 팔의 의는 그렇게 다른 지체를 살리기 위해서 팔의 책임을 감당하는 것이지요.

성경에서 우리가 성도에게 어떻게 해야 하는지를 가르치는 내용은 우리가 의로써 성도를 대해야 하기 때문에, 그것이 성도를 살리는 것이기 때문에 그렇게 가르치는 것입니다. 에베소서 4장 25절을 봅니다. **"그런즉 거짓을 버리고 각각 그 이웃과 더불어 참된 것을 말하라 이는 우리가 서로 지체가 됨이니라."** 지체는 다른 몸을 보살피고 살려야 할 책임이 있기에 지체인 우리는 거짓을 말해서 안 되고 참된 것을 말해야 하는 것입니다. 에베소서 4장 29절을 보시기 바랍니다. **"무릇 더러운 말은 너희 입 밖에도 내지 말고 오직 덕을 세우는 데 소용되는 대로 선한 말을 하여 듣는 자들에게 은혜를 끼치게 하라."** 덕을 세운다는 말은 상대방에게 유익이 된다는 말입니다. 가령 목회자인 제가 선한 말을 하지 않으면 성도들에게 무슨 유익이 있겠습니까? 덕이 안 되지요. 선한 말을 하는 까닭은 곧 성도를 세워주기 위해서 그리고 그것이 곧 의로 성도를 대하는 것이기에 그렇게 말한 것입니다.

에베소서 4장 31절을 가면 **"모든 악독과 노함과 분 냄과 떠드는 것과 비방하는 모든 것을 모든 악의와 함께 버리라"**고 합니다. 그것은 옛사람에 속한 것입니다. 자기를 붙잡고 사는 것입니다. 자기 욕심으로 사는 것입니다. 그렇게 살면 성도를 살리지 못합니다. 그것은 의로서 상대방을 대하는 것이 아니기 때문입니다. 그래서 우리를 향하여 에베소서 4장 32절에 가면 **"서로 친절하게 하며, 불쌍히 여기며 서로 용서하기를 하나님이 그리스도 안에서 너희를 용서하심 같이 하라"**고 합니다. 하나님께서는 의로우시기에 우리를 세우기 위해서 그렇게 우리를 용서하였습니다. 우리가 친절하게 하고 불쌍히 여기며 서로 용서하는 것, 윤리의 문제가 아닙니다. 그렇게 해야만 성도를 살리는 책임을 내가 하는 것이기 때문입니다. 그것이 의로써 성도를 대하는 것입니다.

이렇게 우리가 의로써 성도를 대하면 어떤 일이 일어납니까? 그것이 곧 하나님의 형상으로 사는 것이며, 그렇게 살면 나는 하나님의 형상, 곧 새사람으로 바뀌집니다.

오늘날 교회를 수십 년 다녔음에도 바뀌지지 않는 사람이 너무 많습니다. 또한 교회에서는 무언가 경건한데 실상 밖에서는 그렇지 않음을 봅니다. 왜 이런 일이 일어났을까요? 겉으로만 성도를 대하였기 때문입니다. 싱가포르는 세계에서 가장 깨끗한 도시 중 하나입니다. 그렇게 깨끗한 도시를 만들기 위해서 청결에 대하여 강력한 법을 시행하고 있다고 합니다. 길거리에서 침을 뱉는 것은 말할 필요도 없거니와 심지어 공공 화장실에서 물을 내리지 않았을 때, 그것이 적발되면 벌금을 물어야 한다고 합니다. 그런데 제가 읽은 책에는 그런 싱가포르인이 외국 여행을 하거나 유학을 하면, 아무 데나 침을 뱉기로 유명하다고 합니다. 그러다가 자기 나라에 들어오면 다시 조심하기 시작합니다. 왜 그렇습니까? 마음으로 그 법을 받아들이지 않았기 때문입니다.

제도나 강압은 어느 정도 바꿀 수 있습니다. 그러나 속이 바뀌지 않으면 그 사람에게는 늘 이중성이 나타납니다. 이것이 과거 저의 교회생활이었습니다. 교회 안에서는 누구보다 열심이었고, 순종을 잘하였습니다. 동료들과의 관계도 한 번 다투지 않고 그렇게 잘 지냈습니다. 교회에서의 저의 모습은 그래도 그리스도인의 모습이 나타났습니다. 문제는 집이었습니다. 부교역자의 일상이 사람을 만나는 것 아닙니까? 그리고 그 일을 웃으면서 감당해야 합니다. 그러나 막상 집에 와서는 식구 중 누군가가 나를 언짢게 하고 마음을 건드리면 쉬이 화를 내며 다투었습니다. 지금도 그 생활을 생각하면 얼굴이 화끈거립니다. 교회에서는 교회가 보고 있으니까 그렇게 한 것이지요. 진정 마음에서부터 의와 거룩함으로 살아야 함을 외치지 않았던 것이죠.

우리가 진정 마음으로 그렇게 의로 성도를 대하기를 힘쓴다면 우리는 하나님의 형상으로 바뀝니다. 새사람이 되는 것이지요. 교회 안에 있어도 자기중심, 자기 욕심대로 살면 그는 절대 변하지 않습니다. 그는 결국 허망한 삶을 사는 것입니다. 내가 하나님의 형상으로 바뀌는 것, 이것보다 더 복된 것이 없습니다. 하나님은 나를 천국 백성이 되도록 하기 위해 이 땅에 교회를 주어 나로 하여금 그렇게 살게 한 것입니다. 내가 하나님의 형상으로 변하는 것, 그것은 영원토록 나와 함께 합니다. 이 축복을 모두가 받기를 소망합니다.

20

어둠을 쫓아내는 삶을 살라

20
어둠을 쫓아내는 삶을 살라

에베소서 5:1-14

1 그러므로 사랑을 받는 자녀 같이 너희는 하나님을 본받는 자가 되고 2 그리스도께서 너희를 사랑하신 것 같이 너희도 사랑 가운데서 행하라 그는 우리를 위하여 자신을 버리사 향기로운 제물과 희생제물로 하나님께 드리셨느니라 3 음행과 온갖 더러운 것과 탐욕은 너희 중에서 그 이름조차도 부르지 말라 이는 성도에게 마땅한 바니라 4 누추함과 어리석은 말이나 희롱의 말이 마땅치 아니하니 오히려 감사하는 말을 하라 5) 너희도 정녕 이것을 알거니와 음행하는 자나 더러운 자나 탐하는 자 곧 우상 숭배자는 다 그리스도와 하나님의 나라에서 기업을 얻지 못하리니 6 누구든지 헛된 말로 너희를 속이지 못하게 하라 이로 말미암아 하나님의 진노가 불순종의 아들들에게 임하나니 7 그러므로 그들과 함께 하는 자가 되지 말라 8 너희가 전에는 어둠이더니 이제는 주 안에서 빛이라 빛의 자녀들처럼 행하라 9 빛의 열매는 모든 착함과 의로움과 진실함에 있느니라 10 주를 기쁘시게 할 것이 무엇인가 시험하여 보라 11 너희는 열매 없는 어둠의 일에 참여하지 말고 도리어 책망하라 12 그들이 은밀히 행하는 것들은 말하기도 부끄러운 것들이라 13 그러나 책망을 받는 모든 것은 빛으로 말미암아 드러나나니 드러나는 것마다 빛이니라 14 그러므로 이르시기를

잠자는 자여 깨어서 죽은 자들 가운데서 일어나라 그리스도께서 너에게
비추이시리라 하셨느니라

앞장을 잠깐 돌아봅니다. 우리는 하나님의 형상을 따라 의와 거룩함으로 지음을 받았으며, 의로 산다는 말은 한 몸 된 다른 지체가 잘되기 위해서 자신의 책임을 다하는 것이라고 하였습니다. 그리고 우리를 하나님의 형상으로 지은 까닭도 교회 되게 하기 위해서임을 말씀드렸습니다. 그리고 본문 5:1절을 보면 하나님을 본받는 자가 되라고 하면서 구체적으로 본받아야 할 내용을 2절에 기록하고 있습니다. 하나님께서 우리를 살리기 위해 자신의 아들을 희생 제물로 내어놓았듯이 우리 또한 성도를 위하여 자신을 내어놓는 삶을 살라는 것이지요. 왜 그렇게 해야 합니까? 우리는 교회의 한 지체이기 때문입니다. 결국 하나님을 본받으라는 것도 우리로 하여금 교회되게 하기 위해서입니다.

교회가 하나님의 영원한 목적임을 깨달으면 신앙생활에 코페르니쿠스적 변화가 일어납니다. 코페르니쿠스가 1543년 '천구에 대하여'라는 책에서 태양이 지구를 도는 것이 아니라 지구가 태양을 중심으로 돈다고 하였습니다. 더 이상 지구가 우주의 중심이 아님이 밝혀진 것입니다. 오늘날 많은 성도들은 교회가 자신을 위해 있어야 한다고 생각합니다. 자기가 중심입니다. 아닙니다. 교회가 목적이고 중심입니다. 그런 시각으로 보면 우리는 전혀 다른 삶

을 살아갑니다. 가령, 성도 중 한 사람이 어려움에 빠졌다고 생각해 봅시다. 교회가 중심이 된 성도는 그 성도의 환난을 함께 아파합니다. 그리고 어떻게든 그 성도가 환난에서 벗어나기를 소망하며 함께 기도합니다. 성도의 짐을 함께 지려고 합니다. 제자반 교재에 이런 이야기가 있습니다. 어느 한 교회에 젊은 부부가 신실하게 섬겼습니다. 그런데 그 아내가 한때 창녀였음이 알려집니다. 그때부터 성도들의 시선이 달라집니다. 더러운 사람으로 보기 시작합니다. 결국 그 여인은 교회를 떠나게 됩니다. 그때 목사님께서 "내가 양을 친 줄 알았는데 이리떼를 먹였구나!"라고 한탄을 했다고 합니다. 어떻게든 서로 교회가 되려고 하였다면 그 성도를 감싸주려고 하였을 것입니다. 봉사하는 동기가 달라집니다. 지난 수요일 저녁 예배 전 가림막을 보니 너무 더러워졌습니다. 새벽 예배를 드리는 성도들이 생각이 났습니다. 새벽을 깨우면서 왔는데 그래도 말씀을 들어야 하지 않겠느냐? 그래서 예배 후에 한 줄이라도 닦아야겠다 싶어 닦았습니다. 새벽 성도들은 대부분 앉는 자리가 정해져 있습니다. 닦으면서 "이 자리는 아무개 집사님이 앉으시는 자리이지!" "이 자리는 권사님이 앉으시는 자리이지!" 그 생각하면서 닦았습니다. 비록 작은 일이지만 교회가 저의 중심이었기에 그렇게 한 것입니다.

내가 나름 수입이 많아졌습니까? 평안해졌습니까? 교회가 중심임을 알게 되면, 그 복은 나를 위해서만 준 것이 아니라 교회를 위해서 준 것임을 깨닫게 됩니다. 내가 누리는 평안도 나를 위해서만 준 것이 아니라 교회를 섬기기 위해서 그 평안을 주신 것임을 깨닫습니다. 그래서 그 복과 은혜를 교회에 내어놓습니다. 중등부 시절에 담당 전도사님이 공과공부 시간에 그룹을 짓게 하고 접시에 과자를 담아 중앙에 두었습니다. 그리고 달력을 말은 다음 그 안에 오른팔을 넣게 하였습니다. 그리고는 과자를 먹으라는 것입니다. 팔이 구부러지지 않는데 어떻게 먹을 수 있습니까? 던져서 받아먹으려고 해도 팔이 굽히지 않으니 잘 던질 수 없습니다. 그런 우리들을 보면서 서로에게 먹여주라고 합니다. 그러자 과자를 먹을 수 있었습니다. 그때 전도사님이 결론을 내립니다. "그것이 바로 천국이다!" 자기를 중심으로 교회생활하면, 교회는 지옥이 됩니다. 그러나 교회 즉 성도를 중심하면 우리는 천국의 맛을 여기서 누립니다. 그리고 우리가 주님의 모습으로 변합니다. 교회가 하나님의 목적임을 알면 우리는 교회를 중심으로 살게 되며 그러면 코페르니쿠스적 삶의 전환이 우리에게 일어납니다.

그리고 5장 3절에 들어와서 바울은 주제를 바꿉니다. 당시 사람들에게는 우상을 섬기는 것이 보편화 되었습니다. 에베소에는 아데미 신전이 있었는데, 길이 98미터, 넓이 48미터 그리고 높이가 20미터입니다. 세계 7대 불가사의에 들어간다죠. 그 안에 15미터 크기의 아데미 여신이 있습니다. 그리고 많은 여사제들이 있는데 그들의 복장은 한쪽 가슴을 다 내어놓고 짧은 스커트를 입고 있었습니다. 신을 기쁘시게 하는 것이었죠. 고린도에 있는 신전에는 일천 명의 여사제가 있었는데 이들 또한 신을 기쁘게 하기 위해서 제사 지내러 오는 자들과 음행을 했다고 합니다. 신을 기쁘게 하는 것이 음행과 음란이었다면 당시 사람들에게 음행은 큰 양심의 가책 없이 행하는 일이었음을 보여줍니다. 그래서 바울은 그리스도의 몸인 우리가 이렇게 자기 욕망으로 뒤덮인 이 세상에서 어떻게 살아가야 하는지 일러줍니다.

첫째 자기 욕망에 붙잡힌 삶을 혐오해야 합니다.

3절을 봅니다. **"음행과 온갖 더러운 것과 탐욕은 너희 중에서 그 이름조차도 부르지 말라 이는 성도에게 마땅한 바니라."** 이름조차도 부르지 말라는 말은 입에도 올리지 말라는 말입니다. 우리가 진절머리 나게 싫은 사람이 있으면 '그 사람 이름도 말하기 싫어!'라고 하지 않습니까? 그 표현입니다. 성경 당시와 마찬가지로 오늘 우리 사회도 음행과 음란이 큰 죄의식 없이 횡행하고 있습니다. 알고 지내는 다른 교회 여집사님 한 분이 "목사님, 요즘 세상이 어떤지 아세요."라면서 자신이 겪었던 이야기를 해 주었습니다. 이분은 보험업을 하시는 분입니다. 사무실에서 자신의 고객과 통화를 하게 되었는데, 그런데 그 고객이 자신과 사귀자고 말을 하더랍니다. 농담도 아닌 진담으로 말입니다. 그래서 너무나 기가 차서 전화를 끊었다고 합니다. 그때 옆에 전화통화를 듣고 있는 동료가 그 남자를 자신에게 소개시켜 달라고 하더랍니다. 그 동료는 가정이 있는 사람입니다. 그 집사님이 그 이야기를 하면서 '목사님, 요즘 이렇습니다'라고 말을 하였습니다. 2010년 영국 BBC 방송에서 발행하는 '포커스'라는 잡지에 한국이 세계에서 포르노에 가장 많은 돈을 사용하고 있다고 밝혔습니다. 오늘 우리 사회가 음행과 음란을 당연시 여기고 있습니다.

'온갖 더러운 것'은 술에 취하거나 방탕한 행위를 말합니다. 수없이 많은 젊은이들이 찾는 포차나 주점이 그것입니다. 음란한 그림과 사진을 즐기는 것이 그것입니다. 다 죄의식 없이 행합니다. 탐욕은 절제되지 않는 욕망을 가리킵니다. 더 많은 돈, 더 맛있는 음식, 더 넓은 집 등 끊임없이 더 얻고자 하는 욕망입니다. 오늘 이 욕망이 우리 사회를 덮고 있습니다. 우리는 그것을 혐오

할 정도가 되어야 합니다. 왜 그렇습니까? 그것은 우리를 하나님의 진노 아래에 들어가도록 만들기 때문입니다. 6절입니다. **"누구든지 헛된 말로 너희를 속이지 못하게 하라 이로 말미암아 하나님의 진노가 불순종의 아들에게 임하나니"** 자신을 하나님의 진노의 자식으로 만든다고 생각해 보세요. 얼마나 밉습니까? 혐오스럽습니까?

둘째, 주님을 기쁘시게 할 것이 무엇인지 생각해야 합니다.

내 안에 그런 음행과 자기 욕망이 늘 일어납니다. 그것은 어둠입니다. 어둠이 나를 덮지 못하도록 해야 합니다. 어떻게 하면 됩니까? 어둠을 쫓을 수 있는 방법은 하나밖에 없습니다. 대형 선풍기를 튼다고 물러가지 않습니다. 빛을 비추는 것입니다. 내 안에 빛을 비추면 됩니다. 그것의 구체적인 모습이 무엇입니까? 10절입니다. **"주를 기쁘시게 할 것이 무엇인가 시험하여 보라"** 입니다. 여기서 시험하여 보라는 말은 배우고 익히라는 말입니다. '어떻게 하면 나를 만족시킬 수 있을까?'가 아닙니다. '어떻게 하면 내 주님을 만족시킬 수 있을까?' 그것을 생각하며 그것을 알기 위해서 배우며 사는 것입니다.

저는 우리 모든 성도들이 한 주일에 한 번이라도 새벽기도회에 참여해서 한 주간 자신의 일정을 내어놓고 어떻게든 주님의 말씀대로 살 수 있게 해 달라고 간절히 기도하는 시간을 갖기 원합니다. 본당 참석이 안 되면, 영상을 통해서라도 그렇게 하기를 원합니다. 예배 시간에 주님의 뜻대로 살기를 소망하면서 말씀을 들으려고 해야 합니다. 주님을 기쁘시게 하는 삶이지요. 바울이 그렇게 살았습니다. 고린도후서 5장 8,9절입니다. **"우리가 담대하여 원**

하는 바는 차라리 몸을 떠나 주와 함께 있는 그것이라. 그런즉 우리는 몸으로 있든지 떠나 있든지 주를 기쁘시게 하는 자가 되기를 힘쓰노라." 그때 어떤 일이 일어납니까? 9절입니다. **빛의 열매는 착함과 의로움과 진실함에 있느니라.** 주님의 마음이 우리 안에 일어납니다. 어두움이 물러간 것이지요.

셋째, 자신 속에 있는 어둠을 책망받을 수 있는 자리로 가야 합니다.

우리는 내적으로 음행과 자신의 욕망을 즐깁니다. 그래서 그것에 대해서 무한한 상상을 하기도 합니다. 11절을 봅니다. **"너희는 열매 없는 어둠의 일에 참여하지 말고 도리어 책망하라."** 참여하지 말라는 말은 우리의 몸이 어디에 있는지가 중요하다는 것입니다. 어느 억만장자 이야기를 읽었습니다. 그는 값비싼 보트를 소유하고 있었고 어느 날 선장을 고용하려고 인터뷰를 했습니다. 이에 3명의 지원자가 자신의 항해 실력을 뽐내기 위해 요트 위에 모였습니다. 억만장자는 자신의 친구들과 함께 언제든지 자신이 원할 때면 운행할 수 있는 실력자를 구한다고 말을 했습니다. 이에 3명의 지원자는 차례로 자신의 실력을 뽐냈습니다. 먼저 지원자는 요트를 능수능란하게 몰아서 암석이 많은 해안 절벽 30미터까지 접근시켰습니다. 다들 그 실력에 놀랐습니다. 두 번째 지원자는 첫 번째 지원자보다 더 능수능란하게 요트를 몰아서 해안 절벽 15미터까지 접근시켰습니다. 모두가 놀라 숨이 멎을 지경이었습니다. 그리고 세 번째 사람 차례가 되었습니다. 이 사람은 과연 어떻게 할지 다들 궁금한 채 그를 바라보았습니다. 그는 차분하게 요트를 몰았습니다. 그리고 절벽 가까이 가는 것이 아니라 암석과 절벽과 떨어진 채 아름다운 장면을 보면서 항해를 즐길 수 있도록 그 요트를 몰았습니다. 누구를 고용했을까요?

세 번째 사람입니다. 억만장자가 세 번째 사람을 고용한 까닭을 설명합니다. "여러분들 모두 대단한 실력을 가졌습니다. 그러나 저에게는 이 요트가 너무 소중합니다. 여러분이 넘치는 자신감으로 해안의 절벽까지 돌진하면 저는 너무 불안합니다. 한 번의 큰 실수로 큰 낭패를 당할 수 있지 않겠습니까? 그래서 저는 소중한 요트를 위해서 안전한 길로 운항하며 주변 경관을 즐길 수 있는 사람을 뽑게 되었습니다."

그렇습니다. 우리의 삶이 중요하기에 우리의 몸이 어디에 있는지가 중요합니다. 가령 늘 음담패설을 늘어놓으면서 술자리를 하는 사람들, 자기 욕망을 위해 사는 사람들과 함께 하는 자리라면 그곳에 가지 말아야 합니다. 다른 배우자와 둘이 함께 있는 자리이면 피해야 합니다. 우리를 암초에 걸려 넘어지게 할 수 있습니다.

무엇보다 내 안에 어둠을 보게 하여 책망받는 자리로 가야 합니다. 좋은 자리가 셀 모임입니다. 우리는 셀 모임에서 하나님의 말씀을 통해 내 삶을 나눕니다. 그렇게 우리의 삶을 나누다 보면 우리 안에 있는 어둠을 내가 봅니다. 자신은 알지 못하였던 자기 욕망도 봅니다. 그리고 책망을 받습니다. 그리고 말씀을 듣는 자리에 힘써 참석해야 합니다. 말씀을 들을 때, 말씀에 순종하기로 작정하면서 말씀을 들으시면 그동안 의식하지 않았던 자기 욕망을 보게 됩니다.

여러분들이여, 우리가 교회가 되었으니 이에 교회가 중심이 되어야 합니다.

나아가서 세상이 온통 자기 욕망으로 살아가고 있는 이때에 우리는 어둠이 아닌 빛의 자녀로 살아야 합니다. 이 은혜가 있기를 소망합니다.

3부

새 삶을 보다

21. 오직 성령 충만을 구하라

22. 남편과 아내의 서로 복종

23. 부모와 자녀의 서로 복종

24. 일터에서의 서로 복종

25. 사람이 아닌 마귀를 보아야 합니다

26. 마귀를 이기는 삶

21

오직 성령 충만을 구하라

21
오직 성령 충만을 구하라

에베소서 5:15-20

15 그런즉 너희가 어떻게 행할지를 자세히 주의하여 지혜 없는 자 같이

하지 말고 오직 지혜 있는 자 같이 하여 16 세월을 아끼라 때가 악하니라

17 그러므로 어리석은 자가 되지 말고 오직 주의 뜻이 무엇인가 이해하라

18 술 취하지 말라 이는 방탕한 것이니 오직 성령으로 충만함을 받으라

19 시와 찬송과 신령한 노래들로 서로 화답하며 너희의 마음으로 주께 노

래하며 찬송하며 20 범사에 우리 주 예수 그리스도의 이름으로 항상 아버

지 하나님께 감사하며

고등학생 한 명이 "공부가 인생의 다냐? 이 젊음의 시기에 어떻게 방에 박혀

서 공부만 하냐?" 그러면서 마음껏 놀고 있다면, 어른들은 그 아이를 보고 어

리석은 아이라고 할 것입니다. 고등학교는 인생을 준비하는 시간인데 그 시

간을 허비하고 있기 때문이지요. 누가복음에 어리석은 부자가 나옵니다. 농

사를 지었는데 계속 풍년이 들자 그는 그 남은 수입을 노후를 위해서 다 저축

합니다. 하나님은 그를 어리석다고 합니다. 그는 자신의 노후만 보았지 하나님을 보지 못했고 그렇기에 그는 자신의 모든 시간을 하나님 없는 시간으로 살았기 때문입니다.

하나님만이 인생의 판단자이십니다. 그분이 진정 지혜 있는 자가 누구인지 밝힙니다. 15절입니다. **"그런즉 너희가 어떻게 행할지를 자세히 주의하여 지혜 없는 자 같이 하지 말고 오직 지혜 있는 자 같이 하여"** 그럼 누가 지혜 있는 자입니까? 16, 17절인데 17절만 봅니다. **"그러므로 어리석은 자가 되지 말고 오직 주의 뜻이 무엇인가 이해하라."** 요약하면 지혜 있는 자는 '내게 주어진 모든 시간 속에서 오직 주의 뜻대로 살려고 하는 자'입니다. 북한 간첩이 있다면 그는 북한의 뜻대로 행동하려고 할 것입니다. 북한이 자신의 나라이니까요? 우리는 주님의 나라에 속하였습니다. 그리스도 몸의 지체입니다. 그러니 우리는 늘 주님의 뜻을 따라 살려고 해야 합니다. 그 사람이 지혜 있는 자입니다.

이것을 가장 잘 보여주는 그림이 창세기 4, 5장에 나오는 가인과 아담의 족보입니다. 가인 족보는 하나님께 버림받은 사람들입니다. 아담 족보는 택함받은 자녀입니다. 두 족보에는 분명한 차이점 하나가 있습니다. 가인 족보에는 수많은 사람들이 태어나지만 그들이 죽었다는 말이 없습니다. 언제 죽었는지 모르니 당연히 몇 세를 살았는지에 대한 삶의 연수가 없습니다. 반면 아담 족보는 몇 세에 죽었는지 기록이 되어 있습니다. 한 마디로 산 날이 기록되어 있습니다. 예외가 없습니다. 무엇을 의미합니까? 하나님께 택함 받지 못한 인생은 이 땅에서 얼마를 살았든지 하나님은 그 삶을 인정해주지 않는 다는 것입니다. 놀라운 점은 가인 자손들의 이력입니다. 대단한 자들이 많습 니다. 가인 자손 중에 아다라는 자가 있는데 그는 가축을 치는 자의 조상이었 습니다. 무슨 말입니까? 수렵과 채집을 하며 살던 그 시대에 가축을 칩니다. 수렵 채집의 시대를 농경시대로 바꾼 자입니다. 또 유발이란 자가 있는데 이 사람은 수금과 통소의 조상입니다. 악기를 만들어 낸 것입니다. 문화를 만들 어 낸 것입니다. 그리고 두발가인이란 자손이 있는데 이 사람은 청동과 쇠로 서 여러 가지 기구를 만들었습니다. 석기시대에서 청동기 시대로 그리고 철 기시대로 문명의 역사를 바꾼 자손들입니다. 그들은 역사에 큰 발자국을 남 겼습니다. 그런데 하나님은 그들이 하루도 살지 않은 것으로 여깁니다. 헛된 삶입니다.

반면 아담의 자손 중에는 그런 업적을 만들어 낸 자가 없습니다. 그들의 삶 의 특징이 창세기 5장 22-25절에 나옵니다. **"므두셀라를 낳은 후 삼백 년을 하 나님과 동행하며 자녀들을 낳았으며 그는 삼백육십오 세를 살았더라 에녹이 하나님과 동행하더니 하나님이 그를 데려가시므로 세상에 있지 아니하였더 라"** '그가 하나님과 동행하였다. 그래서 하나님이 그를 데려갔다'고 합니다. 아담 자손들은 이 땅 살면서 하나님과 동행한 것입니다. 자신의 뜻이 아니라 하나님의 뜻 안에서 그 뜻을 이루며 살려고 하였던 것이지요. 그런 그들의 연 수는 기록되어 있습니다. 그들은 인생을 바르게 산 자들이라는 말입니다. 이 것을 모세가 깨달았습니다. '아, 그렇구나. 내가 100년을 살아도, 위대한 업적 을 쌓아도 내 뜻대로 산 날은 하나님 앞에서는 한 날도 산 날이 되지 않는구나.' 그래서 모세는 간절히 기도합니다. 시편 90편 12절입니다. **"우리에게 우리 날 계수함을 가르치사 지혜로운 마음을 얻게 하소서"** "주님이 나의 날을 세고 있음을 기억하사 나로 하여금 늘 하나님의 뜻 안에서 살 수 있게 해 주소서!"라고 기도합니다.

평생 시계를 만든 사람이 있습니다. 그는 아들이 성인이 되던 날 손수 시계를 만들어 선물했습니다. 시침은 동이었고 분침은 은, 초침은 금이었습니다. 시계를 받은 아들이 묻습니다. "왜 초침은 금으로 만드셨어요?" 아버지가 대답합니다. "초침이 가장 중요하기 때문이지. 초를 아끼지 않는 사람이 어떻게 분과 시간을 아낄 수 있겠니, 이제 너도 성인이 되었으니 1초의 시간도 책임지는 어른이 되어라." 오늘 본문 16절에 '세월을 아끼라'고 합니다. 우리에게 주어진 시간을 1분 1초라도 놓치지 말고 주님의 뜻 안에서 사는 지혜로운 자가 되라는 것입니다.

어떻게 하면 그렇게 살아갈 수 있을까요? 이게 사람의 힘으로 안 되는 것입니다. 사람은 본성적으로 자기의 뜻을 위해서 살아갑니다. 18절 말씀 전반부를 보시면 **"술 취하지 말라 이는 방탕한 것이니"**라고 합니다. 술을 먹어야 할지 말아야 할지 그 이야기를 하는 것이 아닙니다. 술은 다른 기능은 잠재우고 자기 본성을 깨우는 역할을 합니다. 사랑 고백을 할 때, 용기가 나지 않으면 술기운을 빌립니다. 술이 들어가면 들어갈수록 자기 욕심, 자기 생각, 자기 마음이 다 드러납니다. 그렇듯이 세상 사람은 전부 자기 뜻을 이루기 위해 살아갑니다. 완전히 술에 취해 있는 것이지요. 주님은 그것을 보고 방탕하다고 합니다. 그렇게 100년을 살았다면 그는 알코올 중독자로 100년을 산 것입니다. 인생을 헛되게 산 것이지요. 미련한 삶입니다.

우리 또한 예수를 믿으면서도 그렇게 살아갈 수 있습니다. 육신을 가졌기 때문입니다. 그렇기에 우리 힘으로는 온전히 주의 뜻을 이해하며 나아가 그 뜻 안에서 살 수 없습니다. 그것을 아시고 주님께서 한 가지 방법을 취하였습니다. 에스겔 36장 26절입니다. **"또 새 영을 너희 속에 두고 새 마음을 너희에게 주되 너희 육신에서 굳은 마음을 제거하고 부드러운 마음을 줄 것이며"** 주님의 영인 성령을 우리에게 보내주시겠다고 약속한 것입니다. 성령은 우리에게 새 마음을 주십니다. 새 마음은 주님의 마음입니다. 우리 안에 주님의 마음이 일어납니다. 굳은 마음, 즉 자기 뜻대로 살려고 하는 그 마음 대신에 어떻게든 주님 뜻을 이루며 살려는 마음을 주십니다. 성령 충만은 결국 주님이 내 안에 충만한 것입니다. 성령은 절대 자신을 드러내지 않습니다. 성령은 오로지 하나님과 주님만을 드러냅니다. 우리가 성령을 구하면, 성령이 내 안에 계시는 어떤 느낌 등이 있을 것 같지만 그것은 없습니다. 차에 기름을 넣을 때, 기름이 차에 들어간다는 느낌이 있습니까? 계기판을 통해서 알 따름입니다. 그렇듯이 성령을 구한다고 해서 내 안에 성령이 들어오는 그런 느낌은 없습니다. 그렇기에 많은 자가 성령을 구하면서 무언가 느낌이 없기에 포기합니다. 기억하셔야 합니다. 성령은 주님을 내 마음에 채워주십니다. 성령을 구하면 주님의 마음이 생깁니다. 그것을 19절에서부터 보여줍니다.

19-21절은 문법적으로 18절의 종속분사절입니다. 즉 성령으로 충만한 상태

가 어떤지를 보여주는 구절이라는 것이지요. 19절을 보시기 바랍니다. **"시와 찬송과 신령한 노래들로 서로 화답하며 너희의 마음으로 주께 노래하며 찬송하며"** '화답한다'의 바른 해석은 '말을 한다'는 뜻입니다. '시'는 시편을 생각하시면 됩니다. 시편은 이스라엘 백성들이 하나님이 어떤 분인지 고백한 내용입니다. '찬양과 신령한 노래'는 우리가 신앙생활 하면서 하나님을 체험한 것을 노래한 것입니다. 성령으로 충만하면 우리는 주님이 어떤 분이신지를 고백하기를 원하며, 주님을 이야기하고 싶어 합니다. 성도들 중에서 한 분은 형제분들이나 사람들을 만나면 자꾸 예수를 믿으라고 이야기한다고 들었습니다. 식당에 밥을 먹고 나오면서도 계산원에게 예수 믿으라고 합니다. 또한 성도들을 만나면, "오늘 나는 이런 주님의 말씀을 들었어, 그 말씀을 들으면서 이런 찔림이 왔어. 그리고 이런 위로를 해 주셨어." 라며 주님과 주님의 말씀을 계속 이야기하고 싶어 합니다. **'너희의 마음으로 주께 찬송하며 노래하며'** 라는 말은 주님이 마음에 채워져 있기에 그의 입에서 찬송이 자꾸만 나오는 모습입니다. 과거 교회에서 차를 대절해서 야유회를 갈 때 흔히 친교부장이 등장해서 노래를 시킵니다. 이때 누군가가 찬송을 하면 친교부장이 제지시킵니다. 재미없는 찬송은 하지 말고 유행가를 하라고 합니다. 아니 성도가 노래할 것이 찬송 외에 무엇 있겠습니까? 결국 저의 차례도 옵니다. 부교역자였기에 어쩔 수 없이 따라가야 합니다. 그래서 위기타파용으로 한 곡을 늘 준비하고 있었습니다. "화창한 봄날에 코끼리 아저씨가 가랑잎 타고서 태평양 건너 갈 때에…"라고 시작하는 '코끼리 아저씨'라는 곡입니다. 성령으로 충만해지면 세상 노래가 끊어집니다. 오직 주님만 찬송하고 싶어집니다.

20절을 봅니다. **"범사에 우리 주 예수 그리스도의 이름으로 항상 아버지 하나님께 감사하며"** 내 마음이 주님으로 채워지기에 내 영이 만족을 누립니다. 보세요. 일이 잘 풀렸어요? 그럼 기뻐요. 그런데 마음이 너무 우울합니다. 그럼 환경이 잘 되어도 기쁨이 없습니다. 반대로 환경이 잘못되어도 마음이 기쁘면 나는 기쁘게 살아갑니다. 마음 위에 있는 것이 영혼입니다. 내 영이 주님으로 충만해 있습니다. 그럼 우리는 만족해하며 감사하며 살아갑니다. 주님으로 채워지면 모든 상황 속에서 감사가 늘 나옵니다.

성령 충만함을 받으면 주님의 마음으로 채워집니다. 주님을 찾게 됩니다. 당연히 우리는 주님의 뜻을 이루며 살아가기를 원합니다. 성령 충만함이 없으면 우리는 '나는 죽고 예수로 산 자'로 살아갈 수 없습니다. 우리가 새롭게 태어난 자라면 우리는 성령으로 충만한 새로운 삶을 반드시 살아야 합니다.

그럼 성령 충만을 어떻게 받아야 합니까? 성령은 하나님이시기에 오로지 자신의 의지와 뜻대로 움직이십니다. 그렇기에 유일한 방법은 하나님의 은혜를 구하는 것입니다. 은혜를 구하는 통로가 무엇입니까? 기도입니다. 예수님께서 승천하시면서 제자들에게 성령을 기다리라고 말씀하셨고, 제자들은 성령의 오심을 위해 간절히 기도했습니다. 그들은 자신을 오로지 기도에 붙들어 맸습니다. 우리가 이 시간 "주님, 저는 자꾸만 제 뜻대로 살아가려고 합니다. 이렇게 자기로 충만해서는 안 되겠습니다. 이런 어리석은 삶을 청산하기를 원합니다. 주님 뜻 안에서 살기를 원합니다. 성령의 충만함을 입게 하사 내 안에 주님을 마음을 채워주옵소서. 다시 주님으로 인한 감격과 감사가 넘치는 삶을 살게 하옵소서."라고 기도해야 합니다. 사실 다윗이 그렇게 기도하였습니다. 그는 밧세바를 범한 후 일 년여 동안 범죄를 숨겼습니다. 결국 나단 선지자의 지적 후, 그는 회개합니다. 그러면서 그가 무엇을 구합니까? 자신에게 성령을 거두지 말라고, 그래서 구원의 감격을 회복시켜 달라고 기도합니다. 다윗이 그렇게 자기 욕망을 붙잡고 살게 된 것은, 그러면서 그 죄를 감추기에 급급한 그런 자기중심적 삶을 살게 된 까닭, 그리고 구원의 즐거움을 누리지 못한 까닭은 성령으로 충만하지 못했음을 고백하는 것입니다. 여러분들이여, 간구하여야 합니다. 오늘 본문 18절의 충만을 받으라는 말(플레루스떼)은 현재시제로 계속 구하라는 말입니다. 그러면서 주님의 말씀을 들으려고 해야 합니다. 고넬료가 기도하는 가운데 베드로를 청하여 말씀을 듣기 원하였습니다. 성령 충만한 베드로가 그곳에 와서 말씀을 들을 때, 성령이 부어졌습니다. 사도행전 11장 15절입니다. **"내가 말을 시작할 때에 성령이 그들에게 임하시기를 처음 우리에게 하신 것과 같이 하는지라"**

우리가 예수를 믿으면서도 자기 뜻대로 살아간다면 그것은 방탕한 삶입니다. 그리고 주님으로 인한 신앙에 감격과 기쁨이 없는 메마른 삶입니다. 그 삶을 없애며 주님으로 충만하여 주님의 뜻을 이루는 영광의 삶을 살 수 있도록 성령을 주셨습니다. 우리 모두 성령의 충만함을 구하며 우리의 모든 시간이 주님의 뜻을 이루며 사는 복된 날이 되길 바랍니다.

22
남편과 아내의 서로 복종

22
남편과 아내의 서로 복종

에베소서 5:21~33

21 그리스도를 경외함으로 피차 복종하라 22 아내들이여 자기 남편에게 복종하기를 주께 하듯 하라 23 이는 남편이 아내의 머리 됨이 그리스도께서 교회의 머리 됨과 같음이니 그가 바로 몸의 구주시니라 24 그러므로 교회가 그리스도에게 하듯 아내들도 범사에 자기 남편에게 복종할지니라 25 남편들아 아내 사랑하기를 그리스도께서 교회를 사랑하시고 그 교회를 위하여 자신을 주심 같이 하라 26 이는 곧 물로 씻어 말씀으로 깨끗하게 하사 거룩하게 하시고 27 자기 앞에 영광스러운 교회로 세우사 티나 주름 잡힌 것이나 이런 것들이 없이 거룩하고 흠이 없게 하려 하심이라 28 이와 같이 남편들도 자기 아내 사랑하기를 자기 자신과 같이 할지니 자기 아내를 사랑하는 자는 자기를 사랑하는 것이라 29 누구든지 언제나 자기 육체를 미워하지 않고 오직 양육하여 보호하기를 그리스도께서 교회에게 함과 같이 하나니 30 우리는 그 몸의 지체임이라 31 그러므로 사람이 부모를 떠나 그의 아내와 합하여 그 둘이 한 육체가 될지니 32 이 비밀이 크도다 나는 그리스도와 교회에 대하여 말하노라 33 그러나 너희도 각각 자기의 아내 사랑하기를 자신 같이 하고 아내도 자기 남편을 존경하라

지금 사회는 평등을 강조합니다. 어떤 회사는 평등을 강조하기 위해 직급을 없애고 이름 끝에 존칭을 붙여 사용합니다. 가정에서도 평등을 강조하여 자녀의 성을 어머니의 성을 따를 수 있도록 하는 운동이 일어나고 있습니다. 공산주의자들이 말하는 유토피아는 다름 아닌 평등한 세상입니다. 착취계급이 없고, 모든 백성들이 똑같이 자본을 분배하여 살아가는 세상입니다. 그런데 오늘 말씀은 서로 평등 하라고 말씀하지 않습니다. 만약 정치인 중의 한 명이 22절 말씀을 인용하면서 여성들은 남편에게 복종해야 한다고 하면 그는 성차별주의자로 찍혀 상당한 곤욕을 치를 것입니다.

21절의 서로 복종하라는 말씀은 성령 충만의 결과입니다. 무슨 말입니까? 성령은 하나님의 영, 예수의 영입니다. 그렇다면 삼위 하나님께서도 서로 복종하셨음을 일컫습니다. 요한복음 19:28절입니다. **"그 후에 예수께서 모든 일이 이미 이루어진 줄 아시고 성경을 응하게 하려 하사 이르시되 내가 목마르다 하시니"** '성경을 응하게 하려 하사' 즉 '하나님의 말씀을 이루기 위해서'입니다. 예수님은 하나님 아버지의 말씀에 늘 순종하였습니다. 그러나 하나님 아버지도 예수님의 말씀에 항상 순종하였습니다. 요한복음 11:42입니다. **"항상 내 말을 들으시는 줄을 내가 알았나이다"** 하나님 아버지께서 항상 예수님의 말씀을 들었습니다. 성부, 성자, 성령 하나님은 서로 복종하셨습니다. 그래서 우리 보고 서로 복종하라고 한 것이지요.

본문 22절에서부터는 아내와 남편이 서로 복종할 것을 말씀합니다. 그러나 이 말씀을 듣기 전에 우리는 먼저 하나님께서는 남편을 어떤 자로 세우셨는지를 살펴보아야 합니다. 세상에서 남편들의 역할은 주로 가정 경제를 책임지는 자입니다. 그래서 결혼 업체에서는 남자들을 연봉으로 평가합니다. 물론 남편은 가정을 위해서 열심히 일해야 합니다. 저는 특별히 남자들이 하나님의 지혜를 구하며 일을 할 수 있기를 기도합니다. 그러면 하는 일에 더 놀라운 성과가 있을 것입니다. 그러나 하나님께서 남편을 세우신 데에는 특별한 이유가 있습니다. 영적인 면입니다. 모든 생활에서 가장 먼저 영적인 면에서 질서가 잡혀야 합니다. 그래야 모든 생활에 질서가 잡힙니다. 하나님께서는 남편을 어떤 자로 세우셨습니까?

첫째, 아내의 머리로 세우셨습니다.

남편과 아내의 관계는 유행가 가사처럼 배와 항구가 아닙니다. 유교에서처럼 하늘과 땅도 아닙니다. 성경에서는 머리와 몸의 관계로 설명합니다. 23절입니다. **"남편이 아내의 머리 됨이 그리스도께서 교회의 머리 됨과 같음이니"** 여기서 같다는 말은 그 이치가 비슷하다는 것입니다. 남편의 머리 됨을 설명하기 위해 비슷한 이치인 예수가 교회의 머리 됨을 가지고 설명합니다. 그럼 그리스도가 교회의 머리가 되었다는 말은 어떤 의미일까요? 23절 말미에 보면, **"그가 바로 몸의 구주시니라"**고 합니다. 이 말은 '그리스도는 교회의 구원자이시다'라는 뜻입니다. 이 말은 먼저 교회는 그리스도로 말미암아 생겼다는 말입니다. 남편이 아내의 머리라는 말은 아내를 있게 한 자라는 뜻입니다.

주님이 십자가에서 죽으신 후 병사가 주님의 죽으심을 확인하기 위해 창으로 옆구리를 찌릅니다. 그때 옆구리에서 물과 피가 분리되어 나왔습니다. 완전히 죽었음을 일러주는 것이지요. 그런데 요한일서 5장 7-8절을 읽어보면 물과 피만 나왔다고 하지 않고 성령이 나왔다고 합니다. **"증언하는 이가 셋이니 성령과 물과 피라"** 이 말은 예수님의 죽으심으로 성령이 이 땅에 오셨음을 밝힌 것입니다. 보세요. 성령이 우리에게 옴으로 우리가 예수를 믿게 되었습니다. 그렇게 믿게 된 우리들을 하나님께서는 모아서 교회로 만들었습니다. 그러니 교회는 곧 성령으로 만들어진 것이지요. 성령은 예수님의 죽으심으로 온 것인데, 그 표현을 예수님의 옆구리에서 나왔다고 하지 않습니까? 예수님의 몸에서 나왔으니까 그래서 교회를 예수 그리스도의 몸이라고 합니다. 본문은 아내를 남편의 몸이라고 합니다. 실제가 그렇습니다. 아담의 옆구리 갈비뼈로 만들어진 것이 하와입니다. 아담의 몸으로 만들어졌습니다. 그러니 아내를 있게 한 자는 남편입니다. 그래서 아내들은 남편을 향하여 "당신으로 말미암아 내가 오늘 여기에 있습니다!" "당신이 나의 시작입니다"라고 고백해야 합니다.

그런데 나의 존재는 어떤 자입니까? 구원받은 자입니다. 아담이 독처하는 것이 좋지 못하므로 아내를 돕는 배필로 만들었다고 하지 않습니까? 여기서 돕는다는 것은 생활을 말함이 아니라 아담의 영적인 면을 말합니다. 그럼 남편의 영적인 면을 도우려면 아내 또한 영적인 자, 즉 구원 받은 자가 되어야 합니다. 23절 말씀처럼 교회의 구원자가 예수님이듯이 아내가 구원 받을 수 있었던 까닭은 남편이 있었기 때문입니다. 아내는 남편을 보고 "지금 내가 이렇게 구원받을 수 있었던 것도 당신이 있음으로 가능하였습니다."라고 고백해야 합니다. 남편은 구원받은 아내를 있게 한 자입니다. 머리의 첫 번째 의미입니다.

둘째, 가정의 제사장으로 세웠습니다.

그런데 '머리'라는 개념에서 더 중요한 것은 '다스린다'는 말입니다. 이 다스림은 자신의 권위를 가지고 명령하고 지휘하는 다스림이 아닙니다. 옛날 드라마의 대사처럼 '어디 하늘 같은 남편에게 대들어?' 그런 의미가 아닙니다. 주님이 교회를 다스리는 것을 염두에 두고 한 말씀입니다. 주님이 교회를 다스리는 목적이 있습니다. 에베소서 5장 26~27절입니다. **"이는 곧 물로 씻어 말씀으로 깨끗하게 하사 거룩하게 하시고 자기 앞에 영광스러운 교회로 세우사 티나 주름 잡힌 것이나 흠이 없게 하려 하심이라"** 구절을 정리하면 주님의 다스림의 목적 첫째는 교회를 거룩하게 하기 위해서, 둘째는 교회를 영광스럽게 하기 위해서, 셋째는 교회를 거룩하고 흠이 없도록 하기 위함입니다. 한마디로 주님을 닮도록 하기 위함입니다.

그 일을 위해서 주님은 어떻게 하셨습니까? 25절입니다. **"남편들아 아내 사랑하기를 그리스도께서 교회를 사랑하시고 그 교회를 위하여 자신을 주심 같이 하라"** 자신을 내어주신 것이지요. 이 말은 주님이 지신 십자가를 말합니다. 십자가에서 죽으심으로 교회가 만들어졌고, 우리의 죄가 사함을 받았고 또한 그 십자가를 바라보면서 우리는 깨끗하게 되고 흠과 티가 없는 자가 됩니다. 주님은 자신을 내어주심으로 교회를 영광스럽게 한 것입니다. 주님의 다스림은 자신을 내어주는 것입니다.

남편들도 머리로서 그렇게 해야 한다는 것이지요. 자신을 다 내놓아야 한다는 것입니다. 세상에서는 부부는 헤어지면 남남이라고 말입니다. 그래서 촌수가 없다고 말입니다. 아닙니다. 남남이어서 촌수가 없는 것이 아니고 남편과 아내는 한 몸이기에 촌수가 없는 것입니다. 아내가 자신의 몸이기에 남편은 어떻게 해야 합니까? 몸이 원하는 삶을 살아야 합니다. 자신을 내어준다는 것은 자기주장을 하지 않는다는 말입니다. 아내에게 어떤 혈기도 부리지 않습니다. 아내와 다투지 않습니다. 나는 자장면을 먹고 싶은데, 아내는 피자를 먹자고 합니다. 싫다고 짜증을 내면 안 됩니다. 아내가 밉다고 미워해서는 안 됩니다. 아내가 부족하다고 비난해서도 안 됩니다. 나의 몸이니까요? 아내에게 자기주장을 하지 않습니다. 완전한 복종입니다. 이것이 머리로서 아내를 다스리는 삶입니다.

세상의 다스림은 자기를 주장합니다. 그러나 남편의 다스림은 자신을 내어주는 자기주장을 하지 않는 것입니다. 왜 그렇게 해야 합니까? 다스림의 목적은 주님이 교회를 거룩하며 영광스럽게 만드는 것과 같이, 남편은 아내와 식구들을 주님을 닮은 아름다운 모습으로 변화시켜야 하기 때문입니다. 자기주장을 하면 절대 식구들이 나를 통해 변하지 않습니다. 그런데 나는 아내를 주님의 모습으로 바꿀 수 없습니다. 오직 내가 할 일은 아내를 주님께로 데려가는 수밖에 없습니다. 그러려면 나를 통해 주님이 보여야 합니다. 그러면 나를 보고 아내는 주님을 보게 됩니다. 그러면서 바뀌는 것입니다. 곧 다스린다는 것은 내가 주님의 증인이 되어 사는 것입니다. 그것이 아내를 양육하며 보호하는 것입니다. 29절입니다. **"누구든지 언제나 자기 육체를 미워하**

지 않고 오직 양육하여 보호하기를 그리스도께서 교회에 함과 같으니" 어느 목사님의 책인지 모르지만, 그분은 '영적으로도 그렇다면 육체적으로도 아내가 아름다워질 수 있도록 만드는 것이 남편의 책임입니다'라고 말한 것을 보았습니다. 남편은 아내가 영육으로 아름다워지게 할 책임을 가졌다는 것이지요. 남편들이여 "나는 나를 주장하지 않음으로 당신을 영육 간에 아름답게 변화시키는 남편이 되겠습니다"라는 마음을 전하였으면 좋겠는데 화장품이라도 하나 사서 전달하면 어떨까요?

그렇기에 남편의 사역은 한 마디로 제사장의 사역입니다. 예수 그리스도가 대제사장이신데 그분은 우리를 하나님께로 인도하는 역할을 하기 때문입니다. 그렇듯이 가정에서 남편은 자기를 내어줌으로 아내와 식구들로 하여금 주님께로 가도록 만드는 자입니다.

아내들을 향하여 남편들에게 복종을 하라고 한 까닭이 여기에 있습니다. 21절의 복종하라는 말의 헬라어는 '휘포타쏘'입니다. 헬라어로는 중간태로 사용되어서 '자발적으로 복종하다'는 뜻이라고 합니다. '주께 하듯 하라'는 말은 남편을 주님으로 보라는 말이 아니라 주님을 보고 남편에게 복종하라는 말입니다. 남편을 보면 존경할 만한 구석이 없을 수 있습니다. 그런데 하나님은 남편을 그렇게 머리로 삼으셨고 제사장 삼으셨습니다. 그를 통하여 나를 만들어 가실 것입니다. 주님의 그 계획을 믿는 것입니다. 주님의 그 계획을 믿는 믿음의 고백이 무엇입니까? 남편을 머리로 인정하며 복종하는 것입니다. 복종이 없으면 인정하지 않겠다는 것이지요. 주님도, 남편도 인정하지 않겠다는 것이지요. 아내 또한 자신을 내려놓고 온전히 복종하는 것이지요.

엘리자베스 엘리어트 그린이라는 분이 한 말입니다. **"여인이 남편을 위해서 할 수 있는 최선의 일은 남편이 하나님의 뜻을 행하기에 용이하도록 해 주는 것이다."** 요즘 집에서 머리는 아내들입니다. 엄마가 늦잠 자는 아이를 깨웁니다. "지금이 몇 신데 아직까지 자, 일어나!" 남편이 아이들을 깨웁니다. "야, 너 늦게 일어나면 엄마가 화내! 빨리 일어나!" 엄마가 사실 머리인 것입니다. 아내들은 가끔 남편을 향하여 '당신이 뭘 안다고 그래!'라고 맞받아칩니다. 어느 목사님이 하신 말씀입니다. "아내의 복종이 없는 가정은 머리가 둘 달린 괴물 가정이다." 집안에 반려동물을 키우시는 분들이 있을 줄 압니다. 얼마나 귀엽습니까? 그런데 머리가 둘 달렸다고 생각해 보세요? 남편에 대한 복종이 없는 가정은 하나님 보시기에 그런 괴물이 되어 있는 것이지요. 복종이란 단어 안에는 공손, 친절, 존중이란 의미가 다 들어가 있지 않습니까?

남편은 머리요 제사장이기에 자기를 주장하지 않고 아내에게 복종하며, 아내는 주님이 남편을 그렇게 세웠기에 주님의 질서를 인정하며 자기를 주장하지 않고 복종합니다. 서로 복종입니다. 말할 필요 없이 그 가정은 삼위 하나님의 모습을 띤 가정이 됩니다. 그런데 이것이 쉽습니까? 당장 보기 싫을 때가 많고, 마음에 들지 않을 때가 많은데, 그래서 답은 한 가지밖에 없습니다. 주님을 내 안에 채우는 것입니다. 성령 충만을 받아야 합니다. 남편들이여, 어떻든 기도의 자리에 오셔서 제사장의 거룩한 손을 들어야 합니다. 그래서 맡겨진 남편과 아버지로서 사명을 감당해야 합니다. 남편이 믿지 않는 가정, 그리고 홀로 된 가정도 있습니다. 그분들이 가정의 제사장이 되어 주님께 도움을 구하며 제사장의 사명을 수행해야 합니다. 이 은혜가 있기를 축복합니다.

23

부모와 자녀의 서로 복종

23
부모와 자녀의 서로 복종

에베소서 6:1-4

1 자녀들아 주 안에서 너희 부모에게 순종하라 이것이 옳으니라 2 네 아
버지와 어머니를 공경하라 이것은 약속이 있는 첫 계명이니 3 이로써 네
가 잘되고 땅에서 장수하리라 4 또 아비들아 너희 자녀를 노엽게 하지 말
고 오직 주의 교훈과 훈계로 양육하라

저에게 카톡으로 〈오늘의 묵상 말〉이란 제목으로 글을 보내주시는 목사님
이 계십니다. 그분이 이런 글을 저에게 보냈습니다. 어느 날 화목하기로 소문
난 가정에 한 친구가 찾아와서 그 비결을 물었습니다. 그러자 주인은 대답하
기에 앞서 장남을 불렀습니다. 그리고는 "얘야, 뒤뜰 감나무에 가서 감 한 광
주리만 따 오거라" 하더랍니다. 친구는 깜짝 놀랐다죠. 이제 막 파랗게 열매
가 달리기 시작한 감을 따오라고 시켰기 때문입니다. 그런데 주인의 장남은
아버지에게 아무런 대꾸도 하지 않고 그저 아버지의 말에 순종을 하더랍니
다. 또 주인은 차남을 불렀습니다. "외양간에 가서 소를 끌어다가 지붕에 올

려놓아라." 이번에도 이해할 수 없는 주인의 말에 친구는 깜짝 놀랐지만 차남은 사다리를 놓고 소를 지붕으로 올리려고 하더랍니다. 그제야 이 친구는 그 가정이 화목한 비결이 바로 아버지의 권위에 대한 아들들의 순종에 있다는 것을 깨달았다고 합니다. 사실이 그렇습니다. 사실 부모의 마음을 가장 힘들게 하는 것은 무엇입니까? 자녀 아닙니까? 자녀가 자기 고집을 피우며 부모의 말을 듣지 않고 어긋나게 살아가면 그 때 부모의 마음은 바위에 눌린 듯이 늘 편치 않습니다. 어떤 것도 부모의 마음을 시원케 하는 것은 없습니다.

예수를 주로 믿는 자녀들은 반드시 부모에게 순종해야 합니다. 부모에게 순종해야 하는 이유는 네 가지입니다. 첫째, 순종하는 것이 옳기 때문에 순종해야 합니다. 1절입니다. **"자녀들아 주 안에서 너희 부모에게 순종하라 이것이 옳으니라."** 이 말씀은 부모의 말씀이 옳기 때문에 순종하라는 말이 아닙니다. 순종하는 것이 옳기 때문에 순종하라는 말입니다. 20세 이상 된 대한민국 남자 청년들은 의무적으로 군대에 가야 합니다. 군대에 가는 것이 옳기 때문에 나라의 부름에 순종합니다. 그렇듯이 순종하는 것이 옳기 때문에 순종하는 것입니다. 둘째, 부모를 공경해야 하니까 순종해야 합니다. 공경하다는 말은 '무겁게 여기다'는 말입니다. 자녀가 부모에게 순종하지 않는 것은 부모를 가볍게 여기는 태도입니다. 셋째, 하나님이 주신 계명이니까 당연히 순종해야 합니다. 2절 하반절을 보면, "이것이 약속 있는 첫 계명이니" 라고 합니다. 십계명 중에 다섯 번째 계명이 "네 부모를 공경하라"입니다. 하나님의 계명이니 당연히 순종해야 합니다. 넷째, 하나님의 축복을 받으니 순종해야 합니다. 본문에 '약속 있는 첫 계명'이라고 합니다. 10계명 중 2계명과 5계명에는 약속이

기록되었습니다. 그러나 자녀들에게만 국한 된 약속은 다섯 번째 계명에서 처음 나옵니다. **"네 부모를 공경하라. 그리하면 네 하나님 여호와가 준 땅에서 네 생명이 길리라"** 여기서 축복은 하늘나라의 상급을 말합니다. 하늘나라의 상급을 받지 못한다는 것은 잘못된 삶을 살았다는 것이지요. 반드시 축복을 받아야 합니다. 그러니 순종해야 합니다. 우리 모든 자녀들은 순종하는 자녀가 되어 주님이 주신 복을 누려야 할 줄 압니다.

그런데 오늘 말씀은 부모가 자녀에게 어떻게 해야 할 것을 동시에 말씀하고 있습니다. 왜 이 말씀을 합니까? 부모는 자녀의 거울이기 때문입니다. 자녀는 부모를 통하여 부모에 대한 순종과 주님을 향한 순종을 배웁니다. 그렇기에 부모 또한 순종을 해야 합니다.

첫째, 부모의 자녀에 대한 순종은 자녀를 인격으로 받아들이는 것입니다.
부모가 자녀에게 순종하는 순종은 어떻게 나타날까요? 4절 앞부분을 보면 **"또 아비들아 너희 자녀를 노엽게 하지 말고"** 라고 합니다. 이 말씀을 볼 때, 부모들은 '과연 이것이 가능한가?' 라는 생각을 가집니다. 어떻게 자녀를 성내지 않게 할 수 있을까? 그럼 자녀에게 다 맞춰주면 되는가? 그렇게 하면 교육이 될까? 참되게 가르치려면 자녀의 생각에 반하여 훈계도 하여야 하는데 그럼 당연히 화가 날 것인데... 잘 이해가 안 됩니다. 이 말은 다른 말이 아닙니다. 자녀를 노엽게 하지 말라는 말은 자녀를 인격으로 대하라는 말입니다. 그것이 부모가 자녀에게 하는 순종입니다.

대부분 부모들은 자녀들을 소유개념으로 생각합니다. 내가 낳았고, 내가 키웠기에 나의 것입니다. 어느 목사님 집의 큰 아이가 중학교 2학년이 되었을 때입니다. 교회에서 가족 찬양대회가 열렸습니다. 그래서 목사님은 중학교 2학년인 큰 애에게 피아노 반주를 하라고 말을 했습니다. 당시 큰 아이는 피아노를 배우고 있을 때였습니다. 교회에 큰 애가 피아노를 친다는 것을 알려줄 수 있는 절호의 기회라고 생각해서 가족 찬양대회지만 그를 보고 피아노를 치라고 한 것입니다. 그런데 큰 애는 목사님 앞에서는 아무 말도 안 하더니 제 엄마에게 가서 피아노 치기 싫다고 이야기하였습니다. 자기도 같이 노래하고 싶다는 것이었죠. 그 때 아내가 깊이 생각하지 않고 아이에게 이렇게 이야기했습니다. "야, 이놈아, 아빠가 월급 타다가 밥 먹여 주고 공부시켜 주고 피아노까지 가르쳐주었는데 그것도 안 하겠다면 쓰겠냐?" 내가 누구 덕에 사느냐는 것이지요. 우리는 이 비슷한 말을 많이 합니다. "너를 위해서 얼마나 돈을 쓰는데 그렇게 노느냐?" 이런 말은 아이를 인격으로 대하는 말이 아니라 나의 소유로 대하는 말입니다.

자녀를 자신의 소유로 여기면, 자기 것이니 자기 말을 따라야 한다고 합니다. 그러나 자녀를 인격으로 받아들이면 자녀의 말을 듣습니다. 그리고 공감합니다. 이것이 곧 자녀에 대한 순종이지요. 그런 다음에 부모의 마음을 이야기합니다. 자신의 아들을 주시고 나를 구원하신 하나님께서도 내가 내 아들까지 너에게 줬는데 너는 왜 순종하지 않냐? 시키면 시키는 대로 해야 할 것 아냐? 그렇게 하지 않습니다. 우리를 한 인격, 하나님의 귀한 자녀로 다뤄주십니다. 그래서 기도하라고 말씀을 하고 기도할 때 공감을 하십니다. 그런 다음에 우리에게 말씀하십니다.

사모님이 아이에게 그렇게 말하였음을 알고는 목사님이 아이에게 편지를 썼다죠. "너도 알다시피 아빠는 형제 없이 혼자 커서 어려서도 개와 고양이를 형제로 안고 살았다. 그러다가 결혼하여 너를 임신했을 때, 아빠가 얼마나 기뻤는지 모른다. 그래서 너의 이름을 '아비의 기쁨'이란 뜻으로 '부열' 이라고 짓지 않았겠니. 네가 태어나서 아빠는 적어도 1년 동안, 아빠는 버스 정거장에서 집까지 한 번도 걸어가 본 적이 없단다. 네가 빨리 보고 싶어서 아빠는 늘 뛰어다녔지. 그때 네가 나에게 준 기쁨이란 평생 갚아도 갚을 수 없을 만큼 큰 것이었어. 말하자면, 그건 내가 네게 진 빚과 같은 거야. 네가 나에게 빚이 있다면 사실은 나도 너에게 빚이 있단다. 그러니까 아빠에게 진 빚 때문이라면 치기 싫은 피아노 억지로 치지 않아도 된다." 어떻게 되었을까요? 대회가 있던 날 아이는 아무 소리 없이 피아노를 쳤습니다. 그것도 기분 좋게 말입니다. 자녀를 인격으로 대하십시오. 그를 받아들이십시오. 그리고 공감하시기 바랍니다. 자녀에 대한 그 순종이 있을 때, 자녀는 우리를 보면서 순종을 배웁니다.

둘째, 부모는 주의 말씀에 순종함으로 주님을 향한 순종을 보여줘야 합니다.

4절 후반 '주의 교양과 훈계로 양육하라'고 합니다. 교양은 교훈을 말합니다. 훈계는 잘못을 지적하는 것을 말합니다. 부모들은 자녀들에게 하루 동안 많은 교훈과 훈계를 합니다. 이렇게 해, 저렇게 해, 다 교훈이며 훈계입니다. 그런데 주의 교훈과 훈계로 하라고 합니다. 나의 기준으로 하지 말고 주님의 기준으로 하라는 것이지요. 나의 기준은 상대방이 어떻든 내 아이가 잘 되는 것이지만, 주님의 기준은 그들 모두가 잘 되는 것 아닙니까? 그러니 너도 그들 모두가 잘 되기를 바라며 나가야 함을 말하는 것이지요. 저명한 교육학자의 방법과 원리도 주님이 주신 지식이기에 도움이 되지만 우리의 기준은 주님의 말씀이 되어야 합니다. 결국, 이 말은 자녀가 주님의 말씀에 순종하는 아이가 되도록 하라는 것입니다.

　자녀에게 물려줄 가장 큰 축복은 자녀가 말씀에 순종하는 아이가 되는 것입니다. 시편 1편에서 복 있는 사람은 주야로 주의 말씀을 묵상하는 자 즉 말씀을 붙잡고 사는 자입니다. 그러면 시냇가에 심겨진 나무와 같이 시절을 좇아 과실을 맺는다고 합니다. 다윗이 죽을 날이 다가왔을 때, 솔로몬에게 한 가지를 당부합니다. 열왕기상 2장 3절입니다. **"네 하나님 여호와의 명령을 지켜 그 길로 행하여 그 법률과 계명을 율례와 증거를 모세의 율법에 기록된 대로 지키라 그리하면 네가 무엇을 하든지 어디로 가든지 형통할지라."** 다윗은 자신의 생애를 통하여 주님의 말씀에 순종할 때 형통한 자가 되었음을 분명히 깨닫고 그것을 물려줍니다. 미국 프린스턴 대학교의 초대 총장이었던 조나단 에드워드는 가난한 목사였습니다. 그러나 위대한 사상가요, 교육가요, 탁월한 설교자였습니다. 그는 언제나 분주했습니다. 그러나 그는 꼭 밤 시간에 자녀들과 대화하는 시간을 가졌고, 그들을 위해 기도하는 시간을 꼭 지켰다고 합니다. 그는 새벽 일찍 일어나 촛불을 켜놓고 처자들이 깨어나 그 촛불 가에 둘러앉기를 기다렸다가 함께 예배하는 습관을 소중히 여겼다고 합니다. 아이들은 그렇게 영적 교육을 받으며 성장하였습니다. 많은 책에서 그의 후손들이 어떻게 되었는지를 밝히는데 이러합니다. 그가 떠난 지 200년이 지났는데, 그의 후손들 중에는 부통령이 1명, 지사가 3명, 시장이 3명, 고위 공무원이 80명, 대학 총장이 13명, 변호사가 100명, 교수가 65명, 법대학장이 1명, 판사가 3명, 의사가 36명, 의과대학장이 1명 그 외에도 수백 명의 목사와 선교사를 배출했다고 합니다. 한 사람이 주의 말씀과 교양으로 양육하였을 때 일어난 일입니다.

그러나 아무리 주의 말씀을 가르쳐도 아이들이 듣지 않을 수 있습니다. 부모가 주의 말씀에 순종하지 않으며 사는 것을 볼 때입니다. 어느 교회 목사님의 막내딸이 어느 날부터인가 아빠에게 냉담해졌습니다. 아빠가 무슨 일이냐고 물어도 딸은 입을 열지 않았습니다. 며칠간이나 대화가 없어 부녀 사이가 서먹해지자 아빠가 어느 날 딸애의 방문을 두드렸습니다. 그런데도 딸은 침대에 누워서 천장만 바라보고 있었습니다. 딸애의 행동은 대화를 나누고 싶지 않으니 조용히 나가 달라는 것처럼 보였습니다. 그래도 아빠는 꼭 대화를 해야겠다는 생각으로 침대 가까이 가서 앉으면서, "윤경아, 무슨 일이지? 내가 잘못된 것이라도 있니? 하고 물었습니다. "아니요, 아빠가 잘못한 일이 어디 있어요? 아니에요." 하고 딸아이는 계속 천장만 쳐다보는 것이었습니다. 건성으로 대답한 것이 틀림이 없어 보였습니다. 아빠는 딸애가 마음을 열기를 기다리며 침묵을 지켰습니다. 그런데 조금 후에 딸애의 눈에 눈물이 흐르는 것을 발견했습니다. 아빠는 딸에게 자기가 모르는 심각한 고민이 있다고 생각하고 근심 어린 표정으로 재차 무슨 일이냐고 물었습니다.

한참 후에 아이가 얼굴을 외면하며 대답을 하였습니다. "아빠, 저는 며칠 전에 아빠가 엄마를 대하는 태도에 완전히 실망했어요." 딸의 말이 아빠의 귀에 청천벽력으로 다가왔습니다. 너무 놀라 미처 대답을 못했습니다. 한참을 고심하다가 문득 어떤 기억이 떠올랐습니다. 며칠 전 아내가 부엌에서 식사 준비를 할 때, 무슨 일인가 아내에게 역정을 쏟아부었던 일이 떠올랐습니다. 딸애가 옆에 있다는 것도 의식하지 못한 채 지나치게 감정을 폭발했었는데 '목사라는 사람이 뭐 저래'라고 딸의 마음에 분노가 일어났나 봅니다. 모범이 되지 못하는 부모의 행동을 보면 자녀의 마음에 분노가 일어납니다. 자녀의 마음에 분노가 생기면 부모의 말을 듣지 않습니다. 그리고 부모의 말이 권위가 없어집니다. 아무리 '우리 가정 예배드리자'고 하며 앉혀 놓고 말씀을 가르쳐도 듣지 않습니다.

자녀들이여, 주 안에서 부모께 순종하십시오. 부모들이여, 자녀를 인격으로 대하면서 자녀의 말을 받아들이십시오. 그리고 주님의 말씀을 따라 살면서 주님의 교훈으로 자녀를 가르치십시오. 그 모습을 통해 자녀들은 순종을 보며, 부모와 주님께 순종하게 될 것입니다. 그럼 우리 가정은 명문 가정, 명문 가문이 될 것입니다. 이 은혜가 있기를 축복합니다.

24
일터에서의 서로 복종

24
일터에서의 서로 복종

에베소서 6:5-9

5 종들아 두려워하고 떨며 성실한 마음으로 육체의 상전에게 순종하기를 그리스도께 하듯 하라 6 눈가림만 하여 사람을 기쁘게 하는 자처럼 하지 말고 그리스도의 종들처럼 1)마음으로 하나님의 뜻을 행하고 7 기쁜 마음으로 섬기기를 주께 하듯 하고 사람들에게 하듯 하지 말라 8 이는 각 사람이 무슨 선을 행하든지 종이나 자유인이나 주께로부터 그대로 받을 줄을 앎이라 9 상전들아 너희도 그들에게 이와 같이 하고 위협을 그치라 이는 그들과 너희의 상전이 하늘에 계시고 그에게는 사람을 외모로 취하는 일이 없는 줄 너희가 앎이라

어느 부부가 핏대를 세우며 말싸움하다가 전화가 울리자 교양 있는 목소리로 응대합니다. "네, 네, 집사님 제가 기도할게요. 요즘 집사님 덕분에 얼마나 은혜를 받는지 몰라요." 전화를 끊고는 다시 서로 고함을 지릅니다. 이를 지켜본 자녀들은 부모를 어떻게 생각하겠습니까? 가증하다는 생각을 하지 않

겠습니까? 예수를 믿으면 관계에서 먼저 변화가 일어납니다. 바울 자신이 그 것을 경험하였습니다. 바울이 이렇게 말했습니다. **"너희를 박해하는 자를 축 복하라. 즐거워하는 자들과 함께 즐거워하고 우는 자들과 함께 울라. 서로 높 은데 마음을 두지 말고 도리어 낮은 데 처하여..."** 사실 바울은 예수 믿기 전에 박해하는 자를 저주하였습니다. 그런데 변한 것입니다. 바울은 무엇보다 예 수 믿는 자는 서로 복종하는 관계로 변해야 함을 말합니다. 아내는 남편을 머 리로 존중하기에 복종하며, 남편은 아내를 제 몸으로 여기며 자신을 내어줌 으로 복종하며, 부모는 자녀를 인격으로 존중하기에 그의 말을 받아들이는 것으로 복종합니다.

가정에서뿐만 아니라 사회 즉 오늘 본문은 종과 주인도 서로 복종의 삶을 살아야 한다는 것이지요. 그 당시 환경에서 이 말씀은 가당찮은 말씀입니다. 가령 로마에 정복당하여 노예가 된 자들이 있습니다. 그들에게 자신을 정복 한 로마인에게 순종하라는 것은 죽기보다 싫었을 것입니다. 또한 주인은 노 예에게 절대 권력을 가지고 있는데 그런 그들을 향하여 종이 주인에게 한 것 과 같이하라고 하면 받아들일 수 없는 내용입니다. 그런데 그리스도인 종과 주인은 그런 삶을 살아야 한다는 것이지요.

그럼 어떻게 복종을 해야 할까? 5절입니다. **"종들아 두려워하고 떨며 성실 한 마음으로 육체의 상전에게 순종하기를 그리스도께 하듯 하라"** 상전에게 순종하는 것을 그리스도께 하듯 해야 한다고 합니다. 어마어마한 말씀입니 다. 종들과 상전의 관계를 오늘 우리는 직원과 상사와의 관계에서 보겠습니다. 직원이 상사에게 그리스도께 순종하듯이 하라고 할 때 한 가지 전제가 있는데 그리스도의 뜻에 어긋난 명령은 순종하지 않아도 됨을 말합니다. 비윤리적인 일, 죄짓는 일, 주님의 뜻에 반하는 것들은 순종해서는 안 됨을 말합니다. 오늘날 코로나로 인하여 회사가 우리 보고 교회 가지 말라고 하기도 합니다. 그들은 그렇게 말할 권한이 없습니다. 다만 교회가 국가의 방역지침을 따라 영상예배를 허용하였기에 우리가 집에서 예배할 수 있는 것이지, 그들이 그런다고 우리가 움직여서는 안 됩니다. 그러나 주님의 뜻에 어긋나지 않는다면 우리는 기꺼이 순종해야 합니다. 단지 피곤하다는 이유로, 부당하게 취급받았다는 이유로, 무시당했다는 이유로 상사에게 불순종해서는 안 됩니다. 또는 상사가 순종을 받을만한 인격이 되지 않더라도 그리스도께 순종하듯이 해야 합니다.

그럼 구체적인 순종의 모습은 어떻게 나타납니까?

먼저는 그를 폄하하지 말고 성심껏 해야 합니다. 5절입니다. **"종들아 두려워하고 떨며 성실한 마음으로 육체의 상전에게 순종하기를"** 두려워하고 떨라는 말은 겁에 질려 살라는 말이 아닙니다. 상사를 우습게 여기거나, 가볍게 여기지 말라는 것입니다. 상사를 존중하라는 말입니다. 상사에 대해 함부로 말하는 사람들이 참 많습니다. 비아냥거리며, 폄하하며, 비난하는 것, 그를 우습게 여기는 것이지요. 그의 잘못을 말하지 말라는 말이 아닙니다. 그를 존중하면서 그 앞에서 말하는 것과 폄하나 비방은 전혀 다릅니다. 어떤 분은 그 사람이 존중받을 만한 일을 해야 존중하지 않느냐고 합니다. 아닙니다. 주님이 전혀 존중받지 못할 우리를 위해서 죽으시지 않았습니까? 직원들은 상사를 멸시하거나 폄하해서 안 됩니다. 성실한 마음으로 하라는 말은 눈가림으로 하지 말고 성심껏 하라는 말입니다. 진정 존중하는 마음으로 순종해야 합니다.

둘째는 자신을 내려놓고 순종해야 합니다. 6절입니다. **"눈가림만 하여 사람을 기쁘게 하는 자처럼 하지 말고 그리스도의 종들처럼 마음으로 하나님의 뜻을 행하고"** 6절의 '마음'이란 단어에 숫자가 있고 성경 아래쪽에 그 숫자를 보면 '목숨'으로 되어 있습니다. 마음은 목숨으로도 번역된다는 말입니다. 이게 무슨 말입니까? 자기 유익에 따라 순종을 결정하지 말고 온전히 자신을 내어주는 순종을 하라는 말입니다.

직장인들은 사퇴서를 안주머니에 넣고 다닌다죠. 아니꼽고, 치사하고, 무시당하고 그리고 힘들 때가 그만큼 많다는 것 아니겠습니까? 그런데 주님께서는 그리스도인 직장인들은 '사퇴서' 대신 다른 것을 양복 안주머니에 넣고 다니라는 것입니다. '순종 서약서'입니다. 편지지에 "나는 그리스도께 하듯 상사에게 순종하겠습니다!"라는 글을 주머니에 넣고 한 주간 다녀보십시다. 지금 설교를 들으면서도 마음 한편으로 심히 불편할 수 있습니다. 상사와 부딪히며 그를 폄하한 적이 얼마나 많았습니까? 괜찮습니다. 다만 오늘 우리가 말씀에 순종하는 결단을 하고 돌아서면 주님은 은혜를 주십니다.

셋째는 자발적으로 열심히 순종해야 합니다. 7절입니다. **"기쁜 마음으로 섬기기를 주께 하듯 하고 사람들에게 하듯 하지 말라"** 여기서 기쁜 마음은 어떤 즐거움을 가리키는 말이 아닙니다. '유노이아'라는 헬라어로 '호의'입니다. 베푸는 마음, 즉 마지못해 하는 것이 아니라 자발적으로 열심히 순종하는 것을 말합니다.

그럼 그리스도인 상사는 직원에게 어떻게 해야 하느냐? 사실 우리는 상사를 모시고 있고 동시에 다른 사람의 상사가 되어 있습니다. 9절을 봅니다. **"상전들아 너희도 그들에게 이와 같이 하고"** 이와 같이 하라는 것은 그리스도인 상사들도 마찬가지로 아랫사람을 존중하며, 그들을 가볍게 여기고 멸시하며 폄하하며 비난하지 말아야 합니다. 직원들이 잘되기를 소망하면서 힘껏 도와야 합니다. 그리스도인 직원들이 상사에게 하는 것처럼 하라는 말입니다.

그러나 상사는 두 가지를 더해야 합니다. 첫째, 아랫사람을 위협하지 말아야 합니다. 9절을 읽어보면 **"위협을 그치라"**고 합니다. 예를 들면, "그렇게 하면 나는 너에게 평가 점수를 주지 않겠어!" "그렇게 일을 하면 너를 잘라 버릴 거야!"라는 말로 위협해서 직원들을 대하지 말라는 것이지요. 대부분의 상사는 자신이 가진 힘을 그들에게 불이익을 줄 수 있음을 강조하면서 다스립니다. 그렇게 해서는 안 됩니다. 둘째, 직원을 차별적으로 대해서는 안 됩니다. 9절을 보면, **"그에게는 사람을 외모로 취하는 일이 없는 줄 너희가 앎이라."** 하나님이 우리에게 차별을 두지 않은 것처럼 상사들은 그런 하나님의 모습을 보여줘야 합니다.

정리하면, 직원은 상사를 존중하며, 그를 폄하하지 않고, 자신의 유익을 따르지 않는 가운데 성심껏 순종을 합니다. 상사들도 마땅히 그렇게 직원을 존중하며, 나아가 자신의 직위와 직원의 약점을 이용하여 위협하지 말아야 합니다. 이것이 직원과 상사의 상호복종입니다.

이제 한 가지 풀어야 할 숙제가 있습니다. 오늘 말씀을 보면, 구절구절마다 "그리스도께 하듯" 하라고 합니다. 결국 상사에게 하는 순종은 그리스도께 하는 것입니다. 상사가 직원을 그렇게 존중하는 것도 그리스도께 하는 일이 됩니다. 어떻게 이런 논리가 나왔을까요? 까닭은 성경에서는 노동과 일을 세상적 관점과 완전히 다르게 봅니다. 세상에서의 일은 먹고 살기 위해서 또는 자아실현을 위해서 하는 것입니다. 그런데 하나님은 그런 차원에서 우리에게 일을 주지 않았습니다.

'에드 실보소'라는 신학자가 이렇게 '일'을 규정했습니다. '예배'의 히브리어는 '아바드'입니다. 이 단어는 '일하다' '섬기다' '예배하다'라는 의미입니다. 일하는 것과 예배하는 것이 같다는 말입니다. 지금도 마찬가지입니다. 예배가 영어로 서비스입니다. 그런데 식당에서 점원이 일을 잘하고 고객을 잘 섬기면 서비스가 좋다고 합니다. 히브리어 세계관에서 "예배하는"이란 말은 단순히 모여서 찬송하고 기도하는 것만을 말함이 아니라 일터에서 사람을 잘 섬기는 것도 예배하는 것입니다. 하나님께서 우리를 부르실 때 예배자로 불렀습니다. 주일뿐 아니라 6일간도 예배자로 살아야 합니다. 6일간은 우리의 일터를 말합니다. 그 일터에서도 예배해야 합니다. 그렇기에 일터가 곧 예배 장소입니다. "나의 일터는 하나님을 예배하는 장소다!"

6일간 일을 통하여 우리는 하나님을 예배합니다. 당연히 성실히 일을 해야 합니다. 그리스도인 직장인은 직장에서 성경을 보더라도 개인적인 시간에 봐야 합니다. 업무 시간에 봐서는 안 됩니다. 일을 하는 시간에 교회 일을 본다고 게을리 해서는 안 됩니다. 내게 맡겨진 일을 성실히 수행해야 합니다. 동시에 우리는 나에게 주어진 사람들을 세워주어야 합니다. 빌립보서 2장 8절입니다. **"사람의 모양으로 나타나사 자기를 낮추시고 죽기까지 복종하였으니 곧 십자가에 죽으심이라"** 주님은 진정 사람을 세우기 위해서 이 땅에 오셨습니다. 우리가 주님을 예배하는 것은 다름 아닌 주님의 사역을 수행하는 것입니다. 일터가 우리의 예배 장소라면 그곳에서 주님을 높이는 것은 다름 아닌 나에게 주신 사람들을 세우는 것입니다. 사람을 높이는 것이 무엇으로 나타납니까? 존중입니다. 그의 권위를 인정해 주는 것입니다. 그 인정이 바로 그가 맡긴 일을 순종하며 성실히 수행하는 것입니다. 이것이 일터에서의 예배입니다.

그렇게 하면 거기서 끝이 나지 않습니다. 세상의 직장인이 상사를 그렇게 대하고 상사가 아랫사람을 그렇게 대하는 것 보았습니까? 그런데 그리스도인 직원과 상사가 주님을 보면서 그렇게 합니다. 결국 그들을 통하여 주님이 드러납니다. 그런 모습이 있는 가운데 복음을 전할 때 그들이 돌아올 수 있습니다. 그들을 완전히 세워주는 것이지요.

국민일보에 실렸던 내용인데 우리가 한두 번 들었던 내용입니다. 경동제일교회의 엄귀현 영수(1876-1951)에 대한 이야기입니다. 그는 일감을 말에 싣고

전해주고 받아오는 그런 일을 하였습니다. 그런데 당시 왕손이었던 이재형이 있었는데 국운이 기울어 가던 그때인지라 그냥 되는 대로 살았습니다. 어느 날 엄귀현이 그가 충주 선산으로 가는데 마부가 되어 따라나섰습니다. 이때 마부 엄귀현은 이재형을 깍듯이 섬겼습니다. 주막에서 잠을 잘 때, 엄귀현은 불침번이 되어서 이재형을 지켜주었습니다. 그런 그가 하도 대견해서 이재형이 그에게 이것저것 물었습니다. 그 과정에서 당혹스러운 이야기를 엄귀현이 합니다. "나리. 황송하오나 오늘부터 예수를 믿으소서. 그래야 나리도 죄 사함을 받고 영생을 얻을 수 있습니다." 그러자 이재형이 화를 버럭 냈습니다. "그래 네 놈은 예수 믿고 잘 됐더냐?" 그때 엄귀현이 이런 말을 했다죠. "저는 마부꾼 신세 면하려고 예수 믿는 게 아닙니다. 도리어 이제부터 마부꾼 노릇 잘해야지요. 나리께서 예수 믿으시면 일평생 마부꾼으로 나리를 모시겠습니다." 일터에서 그는 주님을 높이는 자였지요. 해방 후에도 엄귀현은 마부 일을 계속했습니다. 그가 영수로 있었던 '경동제일교회 95년사'는 그를 '하나님의 부르심을 받을 때까지 신앙을 잘 지키다간 사람'으로 적어 놓았습니다. 그는 온전한 예배자였습니다.

이런 순종의 삶은 결국 주님을 높이는 삶이기에 주님은 은혜를 주십니다. 여기 8절입니다. **"이는 각 사람이 무슨 선을 행하든지 종이나 자유인이나 주께로부터 그대로 받은 줄을 앎이라."** 그렇게 살아갈 때 주님은 거기에 대해서 반드시 갚아주시겠다고 하십니다. 이 갚아주심이 반드시 하늘나라에서만 받는 것이 아닐 것입니다. 오늘 살아가는 우리들의 삶에 은혜를 주십니다. 그래서 저는 우리 교역자들에게 가끔 이야기를 합니다. "이곳에서 충성하고 헌신

하여야 합니다. 그러면 주님이 여러분들을 책임지실 것입니다." 저는 분명하게 그렇게 될 것을 믿습니다.

  여러분들이여, 우리는 새 인류가 되었습니다. 의와 거룩함으로 하나님의 형상을 입었습니다. 새로운 삶, 이제 서로 복종, 존중하는 삶을 살아야 합니다. 교회, 가정, 일터에서 그 새로운 삶이 나타날 수 있기를 축복합니다.

25
사람이 아닌 마귀를 보아야 합니다

25
사람이 아닌 마귀를 보아야 합니다

에베소서 6:10~17

10 끝으로 너희가 주 안에서와 그 힘의 능력으로 강건하여지고 11 마귀의 간계를 능히 대적하기 위하여 하나님의 전신 갑주를 입으라 12 우리의 씨름은 혈과 육을 상대하는 것이 아니요 통치자들과 권세들과 이 어둠의 세상 주관자들과 하늘에 있는 악의 영들을 상대함이라 13 그러므로 하나님의 전신 갑주를 취하라 이는 악한 날에 너희가 능히 대적하고 모든 일을 행한 후에 서기 위함이라 14 그런즉 서서 2)진리로 너희 허리 띠를 띠고 의의 호심경을 붙이고 15 평안의 복음이 준비한 것으로 신을 신고 16 모든 것 위에 믿음의 방패를 가지고 이로써 능히 악한 자의 모든 불화살을 소멸하고 17 구원의 투구와 성령의 검 곧 하나님의 말씀을 가지라

　과거 함께 신앙생활 하셨던 분들 중에 지금 믿음 생활을 하지 않으신 분들이 주위에 있을 것입니다. 또는 신앙생활은 하면서도 과거의 열심이 꺾인 채 뒤로 물러가 있거나, 세상적인 삶을 그대로 사시는 분도 계실 수 있습니다.

여기에는 자신 나름대로 이야기할 수 있는 표면적인 이유가 있겠지요. 오늘 본문은 그러나 근본 원인은 한 가지라는 것이지요. 마귀에게 졌기 때문이라는 겁니다.

예수님께서 마지막 만찬 때 제자들에게 너희 중 하나가 나를 팔 것이라고 말합니다. 제자들이 궁금합니다. 그때 예수님께서 내가 떡 한 조각을 적셔다 주는 자가 그라고 말씀하면서 옆에 있는 가룟 유다에게 떡을 줍니다. 그리고 일어난 일을 요한복음 13장 27절에서 기록하고 있습니다. **"조각을 받은 후 곧 사탄이 그 속에 들어간지라 이에 예수께서 유다에게 이르시되 네가 하는 일을 속히 하라"** 표면적으로 가룟 유다가 예수님을 판 까닭은 예수님은 자신이 생각하는 그런 구원자가 아니었기 때문입니다. 예수님으로 인한 배신감이 원인이었습니다. 그러나 성경은 마귀가 그렇게 하였다는 것이지요. 마귀에게 진 것입니다.

그렇다면 신앙생활의 사활은 결국 마귀를 이기느냐 이기지 못하느냐에 달려 있는 것이지요. 이 시간에는 마귀가 어디서 왔는지 그 기원에 대해서는 물어 둡니다. 당시 에베소 교회는 마귀가 역사함을 분명히 알고 있었고 그것을 전제로 바울은 본문을 설명하고 있습니다. 그래서 우리도 오늘 마귀가 어떻게 역사하시는지에 대해서 살펴봅니다.

마귀의 목적은 무엇입니까?
주님이 오신 목적은 우리를 죄와 세상 가운데서 구원하기 위함입니다. 마귀의 목적은 반대입니다. 에베소서 2장 2절입니다. **"그때에 너희는 그 가운데서 행하여 이 세상 풍조를 따르고 공중의 권세 잡는 이를 따랐으니 곧 지금 불순종의 아들들 가운데 역사하는 영이라."** 먼저 마귀는 우리를 이 세상 풍조를 따라 살도록 하는 것이 목적입니다. 여기서 '세상'은 헬라어로 '세대'라고 기록되어 있죠. 성경에서 '세대'라고 말할 때, 세대의 특징은 자기가 주인이 되어 사는 것을 말합니다. 세상 사람은 전부 자기중심, 즉 자기 생각, 자기 기준, 자기 판단, 자기 욕심을 붙잡고 삽니다. 예외가 없습니다. 그것이 죄입니다. 그래서 사람들은 무정하고, 이기적이며, 돈을 사랑하며, 자긍하며, 교만하며 등등 그렇게 살아갑니다. 마귀는 믿는 자들을 세상 사람처럼 즉 자기중심으로 살도록 하는 것이 목적입니다.

마귀의 목적이 또 하나 있는데 에베소서 2장 3절입니다. **"전에는 우리도 다 그 가운데서 육체의 욕심을 따라 지내며 육체와 마음이 원하는 것을 하여 다른 이들과 같이 본질상 진노의 자녀이었더니"** 마귀는 우리들로 하여금 육체와 마음의 소욕대로 살도록 만듭니다. 음행과 다툼과 분노와 시기와 당 짓는 것과 분쟁과 술 취함과 방탕함과, 미워함과 비방하며 살도록 만듭니다. '마귀'의 뜻은 '나누는 자'입니다. 사람 사이를 나누고, 궁극적으로 하나님과 나 사이를 나눕니다. 우리가 세상의 풍조인 자기중심과 육체와 마음의 소욕대로 살면, 사람과의 관계도 나눠지며 하나님과의 관계도 나눠집니다. 결국 그는 하나님을 떠나든지 믿음에 있어 침체가 됩니다. 마귀가 한 일입니다.

마귀는 어떤 방법으로 자기의 목적을 이룰까요?

가장 잘 쓰는 방법이 우리로 하여금 사람을 보게 만들어 사람에 휘둘리게 만듭니다. 본문 11절을 보면, **"마귀의 간계를 능히 대적하기 위하여 하나님의 전신갑주를 입으라"**고 합니다. 간계는 영어로 'method 방법'입니다. 마귀는 자신의 방법을 가지고 있습니다. 성령이 우리 안에 계시는 것을 우리는 감각으로 느낄 수 없습니다. 그러나 성령의 역사는 보이듯이, 마귀는 보이지 않지만, 그 방법은 보입니다. 본문 12절을 봅니다. "우리의 씨름은 혈과 육을 상대하는 것이 아니요. 통치자들과 권세들과 이 어둠의 세상 주관자들과 하늘에 있는 악의 영들을 상대함이라" 우리의 씨름은 '혈과 육'을 상대하는 것이 아니라고 합니다. '혈과 육'은 사람을 말합니다. 우리는 사람과 대항해서 싸우려고 해서는 안 됩니다. 누군가 나에게 섭섭한 말을 하였습니다. 사람을 상대하는 자는 '그 사람이 어떻게 그런 말을 할 수 있냐? 마음이 섭섭해집니다. 또는 사람을 보면서 실망할 수도 있습니다. 그러면서 미움을 품을 수도 있고, 다른 사람에게 그 사람을 욕할 수도 있습니다. 그러면서 시험이 들기도 합니다. 까닭은 사람을 붙들고 있었기 때문입니다. 그렇게 마귀는 사람을 붙들고 살도록 만듭니다.

요한계시록 17장 1절을 봅니다. **"또 일곱 대접을 가진 일곱 천사 중 하나가 와서 내게 말하여 이르되 이리로 오라 많은 물위에 앉은 큰 음녀가 받을 심판을 네게 보이리라."** 여기서 음녀는 세상을 말하는데, 이 음녀가 짐승을 탔습니다. 여러분, 혹시 666이란 숫자를 들어보셨는지요. 계시록 13:18을 보면, 그 짐승의 숫자를 세어보라. 그것은 사람의 수니 육백육십육이니라고 합니다. 짐승은 곧 믿지 않는 사람을 나타내는 표현입니다. 특별히 계시록에 나오는 짐승은 사람 중에서도 왕을 나타내는 말입니다. 그들이 무엇을 하느냐 하면, 계시록 17장 8절입니다. **"네가 본 짐승은 전에 있었다가 지금 없으나 장차 무저갱으로 올라와 멸망으로 들어갈 자니"** 짐승은 '전에 있었다가 지금 없으나 무저갱으로 올라와' 이 말은 다른 말이 아닙니다. 예수님을 가리켜 전에도 계셨고. 지금도 계셨고 장차에도 계신다고 합니다. 그 말에 빗댄 것입니다. 이들은 다름 아닌 하나님을 흉내 낸다는 말입니다.

세상의 왕들 대부분 믿지 않는 왕인데 그들은 하나님을 흉내 냅니다. 하나님을 흉내 낸다는 말은 자기가 모든 것을 할 수 있는 것처럼 말한다는 것이지요. 자기가 대통령이 되면 경제를 살릴 수 있고, 집값을 잡을 수 있고, 출산율을 높일 수 있으며, 사회의 부조리를 전부 뽑을 수 있다는 것이지요. 자신이 마치 하나님인 양 행세합니다. 그들을 붙잡고 있으면 어떤 생각이 듭니까? 사람이 아름다운 나라를 만들 수 있다고 여겨집니다. 사람의 힘과 능력으로 얼마든지 잘 살 수 있다고 여겨집니다. 결국 그들은 우리들로 하여금 사람이 가진 힘과 능력을 의지하며 살도록 만드는 것이지요. 오늘 우리가 예수를 열심히 믿지 않는 까닭이 무엇입니까? 세상 사람들은 얼마든지 자신의 능력과 힘으로 잘 살아가고 있기 때문이 아닙니까? 그것을 보니까 하나님 없이 살 수 있을 것 같아 보이지 않습니까? 결국 사람을 보면서 살면 우리는 주님을 의지하지 않게 되고 주님을 떠나게 됩니다.

오늘 우리가 사람을 보면서 살면, 당연히 세상의 풍조와 육체의 소욕대로 살아가게 됩니다. 세상 사람들은 힘듦과 핍박이 오면 탄식합니다. 절망합니다. 미워합니다. 갈등합니다. 대통령도 그렇게 살고, 국회의원도 그렇게 삽니다. 교양 있는 사람도 그렇게 살아갑니다. 정도의 차이는 있지만 다 그렇게 살아갑니다. 텔레비전을 보면 늘 다툽니다. 늘 비방합니다. '아, 사람 사는 세상은 저것이 당연하구나!'라고 느낍니다. 사람을 보면서 살면 자연스럽게 그것이 당연해 보입니다. 그러면서 참고 있는 자신, 늘 사랑하려고 애쓰는 자신을 보면서, 나만 바보같이 사는구나? 그렇게 말합니다. 그것이 바로 마귀의 방법입니다. 사람을 보게 하여 사람처럼 살도록 하는 것입니다.

12절을 봅니다. **"우리의 씨름은 혈과 육을 상대하는 것이 아니요, 통치자들과 권세들과 이 어둠의 세상 주관자들과 하늘에 있는 악의 영들을 상대함이라."** 우리는 사람을 상대하는 것이 아님을, 그런 다음 통치자 세상 주관자들, 하늘에 있는 악한 영들을 상대해야 한다고 합니다. 한 마디로 마귀를 상대해야 한다는 것이지요. 통치자와 세상 주관자들은 위에서 말한 왕들이요 금력과 권력을 가진 자들입니다. 그들은 마귀가 아닙니다. 마귀의 세력 안에 있습니다. 태풍의 세력 안에 있을 때 그곳에는 강풍과 폭우가 내립니다. 그로 말미암아 나무가 뿌리 채 뽑힙니다. 집들이 무너집니다. 마귀를 이 땅의 임금이라고 합니다. 이 땅의 모든 것이 그의 세력 안에 들어가 있습니다. 높은 자들이 그렇게 하는 것은 마귀의 세력을 보여주는 것입니다.

이것을 알면 우리는 전혀 다른 시각을 갖게 됩니다. 그 사람의 떵떵거림, 그 사람의 그 불친절, 그 말 한마디, 그 행동 하나가 나를 부럽게 만들고 또는 화나게 만듭니다. 그때 우리는 그 사람이 마귀의 세력 안에 있음을, 그들 뒤에 마귀가 있음을 보면 우리는 '아, 마귀가 나를 지금 무너뜨리려 하는구나!' '마귀가 나를 다시 세상 가운데로, 다시 구원을 받기 전의 삶으로 돌아가도록 하기 위해서 저렇게 하는구나?' 그런 생각이 듭니다. 그러면 자연스럽게 나는 마귀를 대항합니다. "내가 왜 마귀에게 져야 해" 그럼 상대방의 불친절 속에서도 나는 주님의 사랑으로 그를 대할 수 있습니다. 상대방의 무례함 속에서도 기분 나빠하지 않으면서 그에게 친절을 베풀 수 있습니다. 그의 말 한 마디에 섭섭해하는 나를 보면서 내가 사람에게 붙들려 있음을 보게 되면서 그곳에서 나오게 됩니다.

 이렇게 되려면 반드시 한 가지를 갖춰야 합니다. 필히 전신갑주를 입어야 합니다. 전신갑주는 적의 공격에 단번에 당하지 않도록 보호해 주는 역할을 합니다. 본문을 보면, 우리의 전신갑주는 진리의 허리띠, 의의 호심경, 평안의 복음이 준비한 신, 믿음의 방패 등등입니다. 하나하나에 의미를 둔 것이 아닙니다. 진리, 의, 복음, 믿음 등등을 내가 늘 붙잡고 있어야 한다는 것이지요. 이것을 한 마디로 말씀하면 예수를 늘 생각하며, 예수에 빠져 사는 것입니다. 그것이 나의 갑주가 됩니다. 예를 들면, 오래전 어느 계란 장수가 지게에 계란 몇 줄을 얹어 계란을 팔러 갑니다. 그 계란 팔아야 하루 생계를 이어 갈 수 있습니다. 이제 동네 초입에 들어섰습니다. 그는 지게를 지고 찬송가를 부릅니다. 너무 찬송가에 취한 나머지 자신이 지금 지게를 지고 있다는 것을 깜빡 잊어버렸습니다. 그러다가 돌에 걸려 넘어지면서 계란이 쏟아지고 다 깨져버렸습니다. 땅바닥에 계란 물이 홍건히 젖어 있습니다. 가난한 계란 장수, 물끄러미 땅을 바라보다 한마디 합니다. "네가 어찌 나의 기쁨을 빼앗아 갈 수 있냐?" 하면서 뒤돌아서서 다시 찬송 부르며 가더랍니다.

예수에 젖어 살면, 그 사람의 말 한 마디, 그 사람의 행동 하나에 내가 곧장 반응을 나타내지 않게 됩니다. 예수에 젖어 있으면, 내가 죽었음을 압니다. '분노하는 내가 죽었는데 어떻게 화를 내냐?' 그러면서 한 템포 늦춥니다. 또는 주님이 내 안에 계심을 알기에, '그래 내가 주님으로 살아야지!' 하면서 한 템포 늦춥니다. 또는 주님이 만물의 주권자임을 기억하며 이 상황에도 '주님의 뜻'을 생각 하면서 한 템포 늦춥니다. 또는 '내가 회개할 것이 없냐?' 하면서 한 템포 늦춥니다. 갑주가 된 것이지요. 그 사람과 똑같은 행동을 하면 결국 나는 마귀에게 진 것이 됩니다.

그러면서 우리는 사람을 통하여 우리를 무너뜨리려는 마귀의 방법을 봅니다. 동시에 그 사람을 통하여 마귀의 세력을 봅니다. 그때 '내가 그 사람처럼 살면, 내가 그 사람처럼 말하고 행동하면, 나는 마귀의 세력에 들어가는 것이구나!' 깨닫습니다. 사람이 아닌 마귀를 봅니다. 그러면 사람이 보이지 않습니다. 마귀가 보입니다. 그러면서 오히려 사랑으로 그를 대합니다. 친절로 그를 대합니다. 그를 위해 기도해줍니다. 이것이 신앙생활입니다. 이 진리를 깨닫고 이제 더 이상 사람으로 인하여 무너지는 일이 없기를 주의 이름으로 축복합니다.

26

마귀를 이기는 삶

26
마귀를 이기는 삶

에베소서 6:18~20

18 모든 기도와 간구를 하되 항상 성령 안에서 기도하고 이를 위하여 깨어 구하기를 항상 힘쓰며 여러 성도를 위하여 구하라 19 또 나를 위하여 구할 것은 내게 말씀을 주사 나로 입을 열어 복음의 비밀을 담대히 알리게 하옵소서 할 것이니 20 이 일을 위하여 내가 쇠사슬에 매인 사신이 된 것은 나로 이 일에 당연히 할 말을 담대히 하게 하려 하심이라

1907년 4월 22일 스왈론 선교사가 평양 대각성 운동이 일어났을 때 미국 북장로교 선교 본부에 보낸 편지 내용입니다. "평양에서는 은혜의 소낙비가 계속되고 있다. 그와 함께 평양이 놀랍게 변화되기 시작했다. 정령숭배가 들끓고 우상들이 범람했던 평양에 부흥 운동 결과 지금은 어디서나 기도 소리와 통회와 찬송 소리가 들렸다. 그러면서 평양이 더 기독교 도시로 바뀌고 있다." 어떤 책에서는 술집이 문을 닫았다고 합니다. 방탕한 삶이 무너진 것이지요. 지난주일 들은 바를 따라서 말하면 마귀의 세력이 꺾인 것이지요. 예

수님께서 이 땅에 오신 목적을 요한일서 3장 8절에서 설명합니다. **"죄를 짓는 자는 마귀에게 속하나니 마귀는 처음부터 범죄함이라 하나님의 아들이 나타나신 것은 마귀의 일을 멸하려 하심이라"** 마귀의 일이란 우리로 하여금 자기를 붙잡고 살도록, 육체와 마음의 욕심대로 살도록 하는 일입니다. 그래서 주님께서는 우리를 대신해서 십자가를 지심으로 우리로 하여금 자기를 주인으로 삼지 않고 오직 예수를 주인으로 모시고 주 안에서 살도록 하였습니다. 마귀를 이기게 하기 위함입니다.

그럼 우리가 어떻게 자신의 소욕이 아닌 주님의 소원대로 살아갈 수 있을까? 그것이 마귀를 이기는 것이라면 어떻게 그렇게 살 수 있을까? 기도만이 그것을 가능케 합니다. 18절 말씀을 보십시다. **"모든 기도와 간구를 하되"** 기도의 종류가 많습니다. 합심기도, 개인기도, 중보기도. 새벽기도 등등. 많은 기도를 하라는 말은 우리가 할 수 있는 모든 기도를 해야 한다는 것입니다. 동시에 반드시 기도를 해야 한다는 것이지요. 그런데 기도할 때 깨어 기도하라고 합니다. 이 말은 집중해서, 간절히, 분명하게 해야 함을 말합니다. 설거지하면서, 차를 타고 가면서, 운전하면서도 기도할 수 있습니다. 그러나 분명한 것은 집중해서 간절히 분명하게 하지는 못합니다. 예수님은 깨어 기도하기 위해서 매일 새벽마다 감람원에 가셨습니다. 아무것에도 방해받지 않는 시간과 장소를 찾은 것이지요. 기도에 전념을 하는 것이지요. 그런 기도가 능력 있는 기도입니다. 오늘 본문은 '우리가 어떤 내용을 갖고 그렇게 기도해야 할까?'에 대해서 말해 줍니다. 마귀를 이기는 기도입니다.

첫째, 나는 죽고 예수로 살게 해 달라고 기도해야 합니다.

예수님에게 십자가란 두 가지의 고통을 당하는 것이었습니다. 첫째는 온몸이 찢겨지는 육체적 고통입니다. 둘째는 정신적 고통입니다. 십자가는 죄인으로서 죽는 것이기에 그것은 곧 하나님의 진노를 받는 것이며 하나님과의 관계가 끊어지는 것입니다. 하나님과의 관계가 끊어지는 것은 육체적 고통보다 더 큰 고통이었습니다. 그런데 예수님은 자신이 반드시 십자가를 져야만 하나님의 뜻을 이룬다는 것을 압니다. 그래서 기도합니다. 그 십자가의 길을 걸을 수 있게 해 달라고 말입니다. 나는 그 잔을 피하고 싶지만 그런 나의 뜻은 죽고 아버지의 뜻대로 할 수 있게 기도합니다. 그러자 하나님께서 그 길을 걸을 수 있도록 힘을 주십니다. 기도함으로 마귀를 이긴 것이지요.

반대의 경우가 제자들입니다. 예수님은 제자들에게 기도를 하라고 합니다. 까닭은 마가복음 14장 38절입니다. **"시험에 들지 않게 깨어 기도하라 마음에는 원이로되 육신이 약하도다 하고"** 기도하지 않으면 마귀에게 진다는 것이지요. 결국 그들은 예수님께서 십자가에 못 박히실 때 예수님을 버리고 자신의 목숨을 위해 다 도망을 갑니다. 기도하지 않으면 주님의 능력을 입을 수 없고 그렇기에 시험이 오면 그 시험에 넘어집니다. 결국 마귀에게 지는 것이지요.

둘째, 성도를 위해서 기도해야 합니다.

18절에 **"여러 성도를 위하여 구하라"** 모든 성도들이 그렇게 살면 마귀의 세력은 약해질 수밖에 없습니다. 우리는 중보기도의 능력을 믿어야 합니다. 하나님은 에스겔 선지자에게 골짜기에 마른 뼈가 가득한 환상을 보여줍니다. 그리고는 에스겔로 하여금 그 마른 뼈를 향하여 외치도록 합니다. 에스겔 37장 9절입니다. **"또 내게 이르시되 인자야 너는 생기를 향하여 대언하라 생기에게 대언하여 이르기를 주 여호와께서 이같이 말씀하시기를 생기야 사방에서부터 와서 이 죽음을 당한 자에게 불어서 살아나게 하라 하셨다 하라."** 생기는 하나님의 호흡 곧 성령을 가리킵니다. 그렇게 외치자 어떤 일이 일어났습니까? 에스겔 37장 10절입니다. **"이에 내가 그 명령대로 대언하였더니 생기가 그들에게 들어가매 그들이 곧 살아나서 일어나 서는데 극히 큰 군대더라."** 왜 하필 하나님의 군대가 되었다고 할까요? 영적 전쟁이기 때문입니다.

이스라엘 백성들이 광야를 걷는 중 아말렉인과 전쟁을 하게 됩니다. 이때 모세는 여호수아로 하여금 군대를 끌고 가서 그들과 전쟁하라고 합니다. 그리고 자신은 전쟁터를 보면서 기도하겠다고 합니다. 출애굽기 17장 11절입니다. **"모세가 손을 들면 이스라엘이 이기고 손을 내리면 아말렉이 이기더니"** 히브리인들의 기도는 손을 들고 하늘을 향하여 고개를 들고 합니다. 손이 내려왔다는 말은 기도가 중단되었음을 말합니다. 기도하면 이기고 기도하지 않으면 아말렉인에게 졌습니다. 아말렉이 상징하는 바가 있습니다. 아말렉은 이스라엘을 진멸하려고 하였습니다. 마귀의 세력을 상징합니다. 그런데 이스라엘이 어떻게 이깁니까? 모세가 기도할 때 그들에게 부어진 하나님의 능력으로 이깁니다. 그들의 용맹과 무기가 아말렉을 무찌른 것이 아닙니다. 모세의 기도였습니다. 우리가 서로를 위해서 기도해야 합니다. 셀 식구들은 서로 그렇게 해야 합니다. 그럴 때 마귀의 세력은 약해집니다.

셋째, 설교자가 말씀을 바르게 깨닫고 설교할 수 있도록 기도해야 합니다.

19절입니다. **"또 나를 위하여 구할 것은 내게 말씀을 주사 나로 입을 열어 복음의 비밀을 담대히 알리게 하옵소서 할 것이니"** 바울은 자신을 위하여 기도해 줄 것을 부탁하는데 먼저 복음의 비밀을 알리게 해 달라고 합니다. 이 말이 가진 첫 번째 의미는 먼저 목회자는 말씀을 잘 깨달아야 함을 말합니다. 앞에서 마귀가 우리를 무너뜨릴 때 세상의 성공한 사람들을 사용한다고 하였습니다. 우리로 하여금 그들을 부러워하게 만들어 우리도 자신의 힘과 능력으로 살아갈 수 있도록 믿게 한다는 것이지요. 요한계시록에는 이런 사람을 짐승이라고 표현합니다. 그런데 요한계시록을 보면 또 한 짐승이 나옵니다. 이 짐승의 역할은 계시록 13:12절에 나와 있습니다. **"그가 먼저 나온 짐승의 모든 권세를 그 앞에서 행하고 땅과 땅에 사는 자들을 처음 짐승에게 경배하게 하니 곧 죽게 되었던 상처가 나은 자니라"** 처음 짐승은 앞에서 말한 이 땅에서 높아진 자들입니다. 두 번째 짐승은 그들을 경배하게 만든다는 것입니다. 즉 둘째 짐승의 역할은 사람들로 하여금 이 땅에서 높아지며, 이 땅의 권세를 얻으며 그것을 소원하도록 만드는 것입니다. 세상을 얻도록 부추기는 것입니다.

그럼 그 둘째 짐승은 누구일까요? 계시록 13장 11절입니다. **"내가 보매 또다른 짐승이 땅에서 올라오니 어린 양 같이 두 뿔이 있고 용처럼 말을 하더라."** 어린 양 같이 두 뿔이 있다는 것이지요. 짐승이 누구를 닮았습니까? 어린 양을 닮았습니다. 어린 양이신 예수 그리스도를 닮았습니다. 계시록 13장 13절입니다. **"큰 이적을 행하되 사람들 앞에서 불이 하늘로부터 땅에 내려오게**

하고" 그들은 큰 이적을 행합니다. 성경에서 하늘에서 불을 땅에 내려오게 한 사람이 있습니다. 바로 엘리야 선지자입니다. 이들은 다름 아닌 선지자를 닮았습니다. 곧 누구를 말합니까? 거짓 선지자를 말합니다. 마귀는 거짓 선지자들을 이용합니다. 그들은 선지자들이니 말씀을 전합니다. 그들의 메시지의 핵심이 무엇입니까? 어떻든 너희들의 힘과 능력을 다해 이 땅의 것을 더 많이 얻으며 살라는 것입니다.

오늘날 거짓 선지자들의 모습이 누구를 통해 나타날 수 있습니까? 설교자입니다. 전도를 설교하며, 충성과 헌신을 설교할 수 있습니다. 그러나 그 핵심이 자기를 붙잡고, 자기 욕심을 위해 살도록, 이 세상의 것을 얻는 것을 목표로 한다면 그는 두 번째 짐승이 됩니다. 물론 우리는 주님으로 말미암아 복을 받습니다. 그러나 우리의 궁극적 목표는 천국에서 살 수 있는 성도가 되는 것입니다. 그렇기에 설교자는 반드시 바른 진리를 깨닫고 선포해야 합니다. 그때 마귀의 세력은 약화됩니다. 여러분들의 영원한 생명이 저에게 달렸습니다. 그러니 어떻게 기도하지 않을 수 있습니까? 식사 시간에 단 한 마디, 우리 목사님 말씀을 잘 깨닫고 증거 하는 능력을 달라고 꼭 기도해 주시기 바랍니다.

넷째, 복음을 선포하게 해 달라고 기도해야 합니다.
바울은 자신의 그 상황에서 복음의 비밀을 전하게 해 달라고 기도를 요청합니다. 이 글을 쓸 때, 학자들은 바울이 네로황제와 신하들 앞에서 재판을 받을 것을 기대하며 글을 썼다고 합니다. 그때 바울은 네로 황제 앞에서, 그 신하들 앞에서 담대하게 복음의 비밀을 전하게 해 달라고 기도를 부탁했다는 것이지요. 마귀가 가장 싫어하는 것이 무엇입니까? 예수의 주되심을 선포하는 것입니다. 마귀는 어떻든 그 비밀을 막고 싶어 합니다. 대통령 후보들이 가장 듣기 싫어하는 말은 자신이 대통령 되는 것을 막을 수 있는 말 아닙니까? 그렇기에 복음 선포는 마귀들이 가장 듣기 싫어하는 말입니다. 들으면 경기를 일으키는 말입니다. 우리가 복음을 전파할 때 마귀는 힘을 잃습니다. 제자들이 복음을 전하고 돌아왔을 때, 예수님이 하신 말씀입니다. 누가복음 10장 18절입니다. **"예수께서 이르시되 사탄이 하늘로부터 번개같이 떨어지는 것을 내가 보았노라."**

여러분들이여, 믿음 생활은 영적 전쟁입니다. 기도해야 합니다. 주님을 붙잡고 살도록 자신을 위해서, 성도를 위해서 깨어 기도해야 합니다. 나아가서 설교자가 바른 진리를 선포하고, 우리 모두가 복음을 선포할 수 있는 담대함을 위해서 기도해야 합니다. 여러분들이여 우리로 말미암아 마귀의 권세가 깨어지는 역사가 일어나길 소망합니다.

영원 · 교회 · 새 삶을 보다

초판 1쇄 발행 2022. 06. 07.

지은이   최병학
펴낸이   방주석
펴낸곳   베드로서원
주 소   10252 경기도 고양시 일산동구 고봉로 776-92
전 화   031-976-8970
팩 스   031-976-8971
이메일   peterhouse@daum.net
등 록   2010년 1월 18일
창립일   1988년 6월 3일
ISBN   979-11-91921-07-6 03230
책값은 뒤표지에 있습니다.

베드로서원은 문서라는 도구로 한국교회가 복음의 본질을 회복하고

마을목회와 선교적교회로 나아가는데 기여하고자 최선을 다하고자 합니다.

나의 힘이신 여호와여 내가 주를 사랑하나이다(시 18:1)